Linda Urbanneck

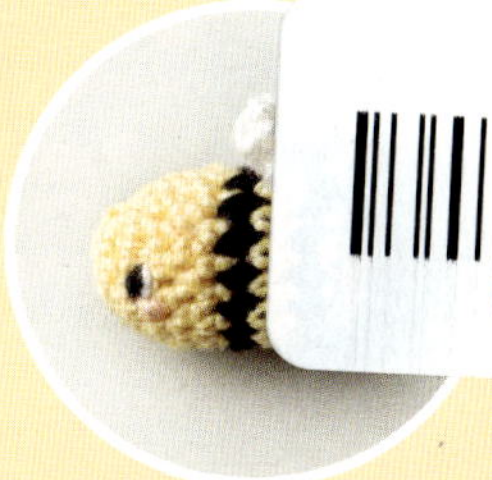

MICROGURUMI

super-mini & super-süß

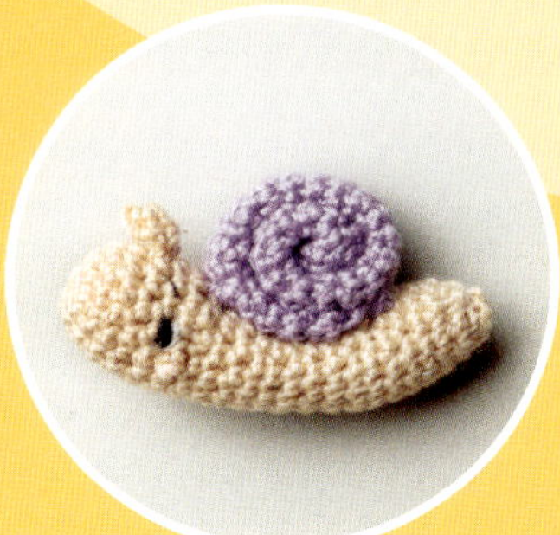

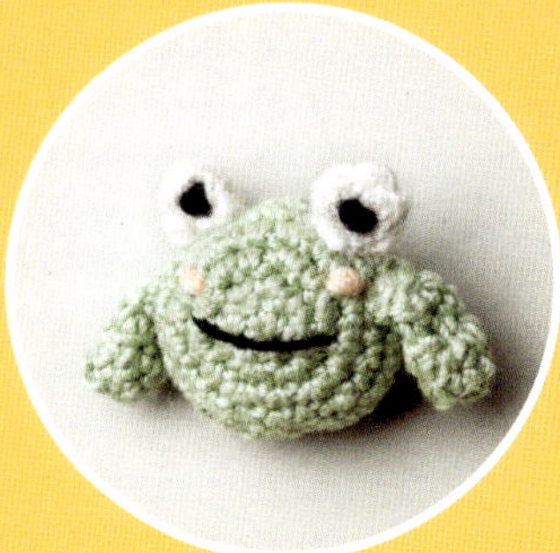

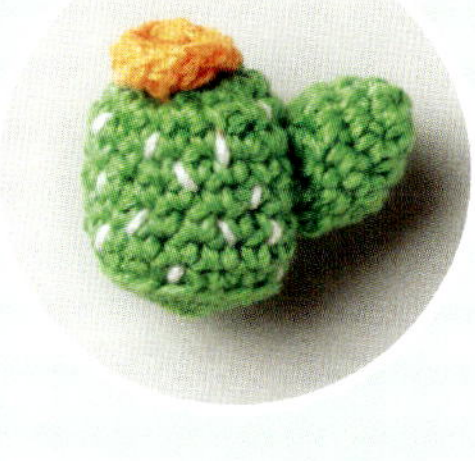

EMF

EIN BUCH DER
EDITION MICHAEL FISCHER

INHALT

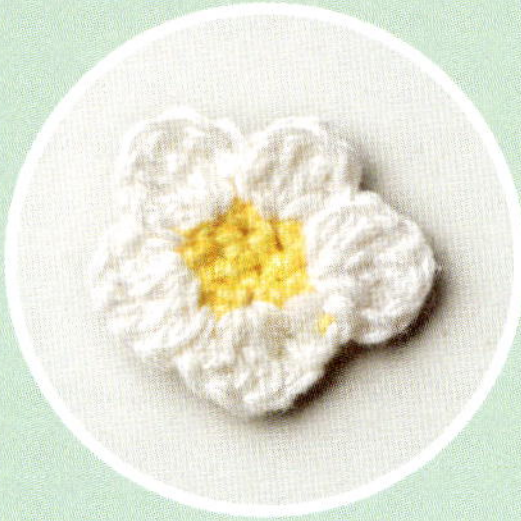

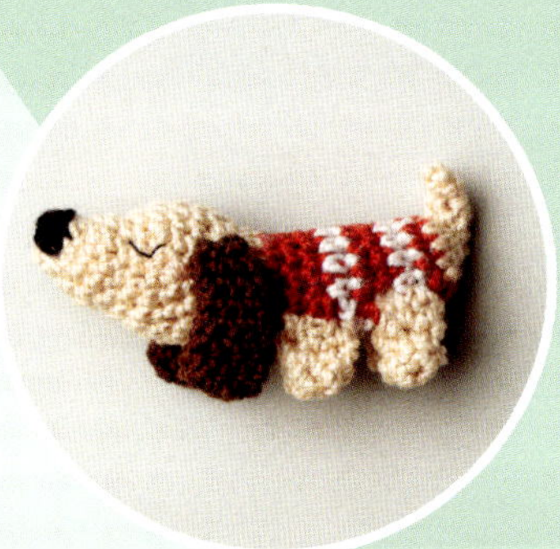

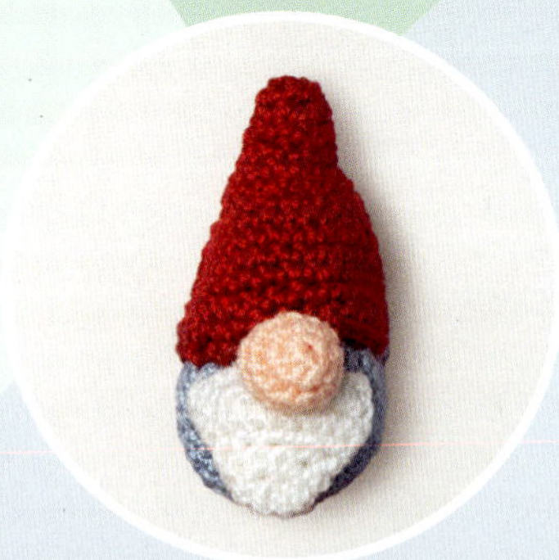

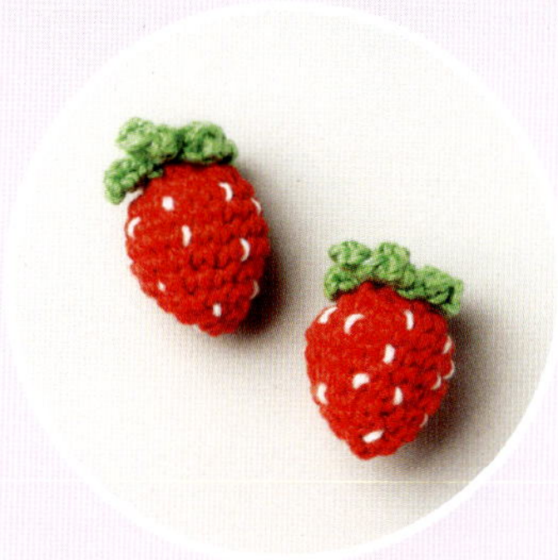

Saisonales 47

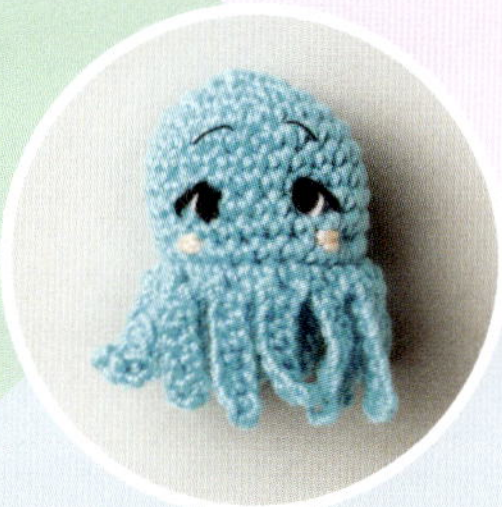

Wasser & Meer 37

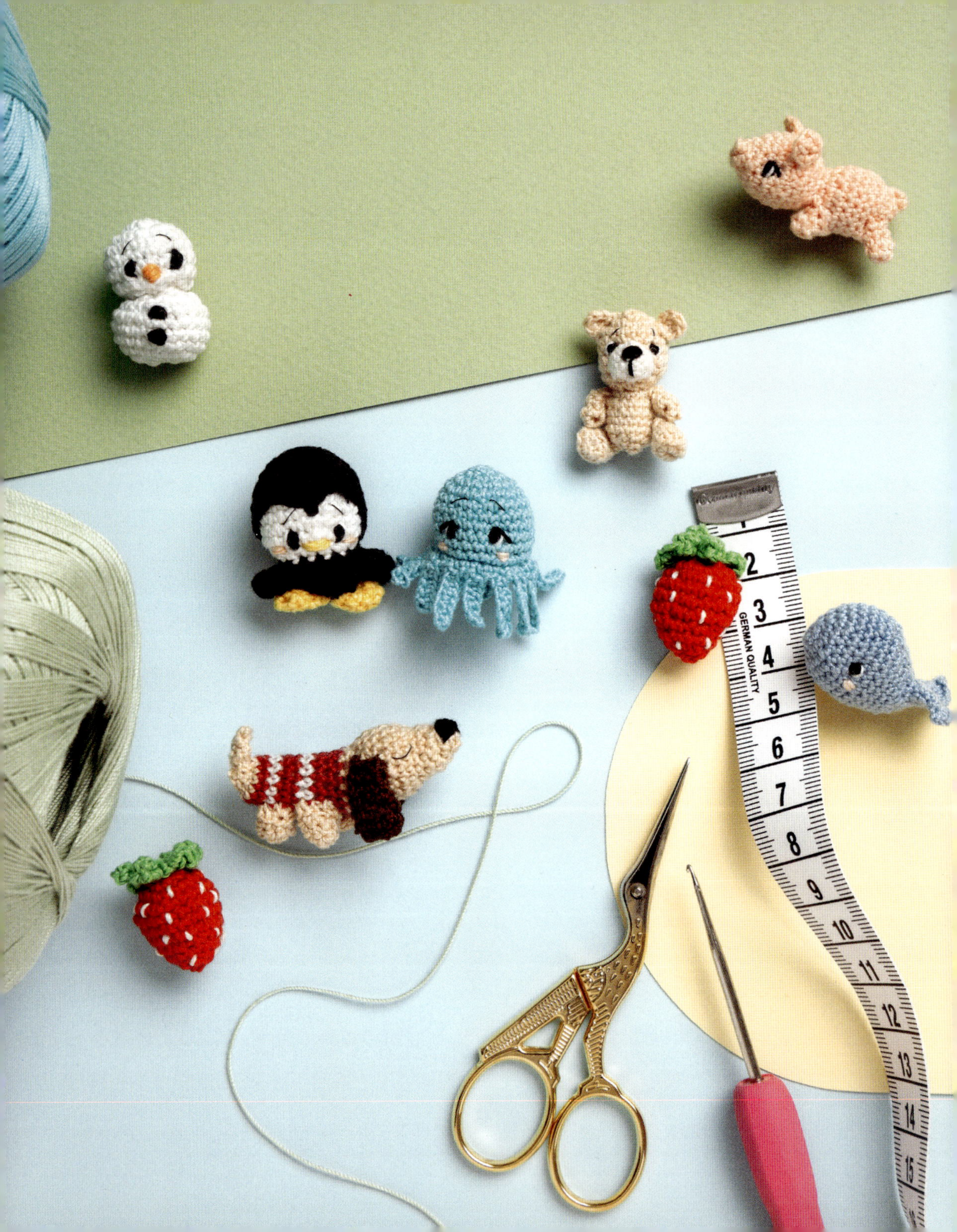
GERMAN QUALITY

VORWORT

Ein ganz besonderer Zauber liegt oft darin, neue Dinge auszuprobieren. Nun habt ihr euch vielleicht genau aus diesem Grund dafür entschieden, das Buch der Microgurumis nach Hause zu holen. Vielleicht sind es aber auch die winzigen Dinge, die euch in den Bann ziehen. Was auch der Grund ist, die Magie im Neuen und deren Faszination steckt bekanntlich in uns allen. So erging es auch mir, als die Frage aufkam, ob ich mich für das Microgurumi-Buch entscheiden und dieses für euch kreieren würde.

Zugegeben, lange überlegen musste ich nicht. Denn auch ich durfte schon die Erfahrung machen, dass es unheimlich erfrischend ist, einmal über den Tellerrand zu blicken. So las ich mich in meiner Recherche zu all den Möglichkeiten ein, Micro-Amigurumis Leben einzuhauchen und die Winzlinge auf die Nadel zu bringen. Entstanden ist ein Buch für alle, die Neues ausprobieren möchten, aber auch für Profis, für die das Wort micro in der Häkelwelt nichts Neues ist.

Die Projekte kannst du sowohl als Schlüsselanhänger, Taschenbaumler, Dekoration, Glücksbringer und sogar als Schmuck verwenden. Der Kreativität sind hier keine Grenzen gesetzt.

Und nun möchte ich dir noch etwas mit auf den Weg geben: Wichtig für die Micro-Häkelei ist vor allem das Ausprobieren. Wenn du das Gefühl hast, die ersten Maschen werden nicht so richtig, wie du möchtest: Mach weiter! Schon nach wenigen Maschen mehr wirst du feststellen, dass man sich schnell an das neue Material gewöhnt und fix die ersten kleinen Freunde entstanden sind. Genaue Infos zu den Materialien findest du im Buch.

Viel Freude beim Häkeln der kleinen Winzlinge,

Deine Linda

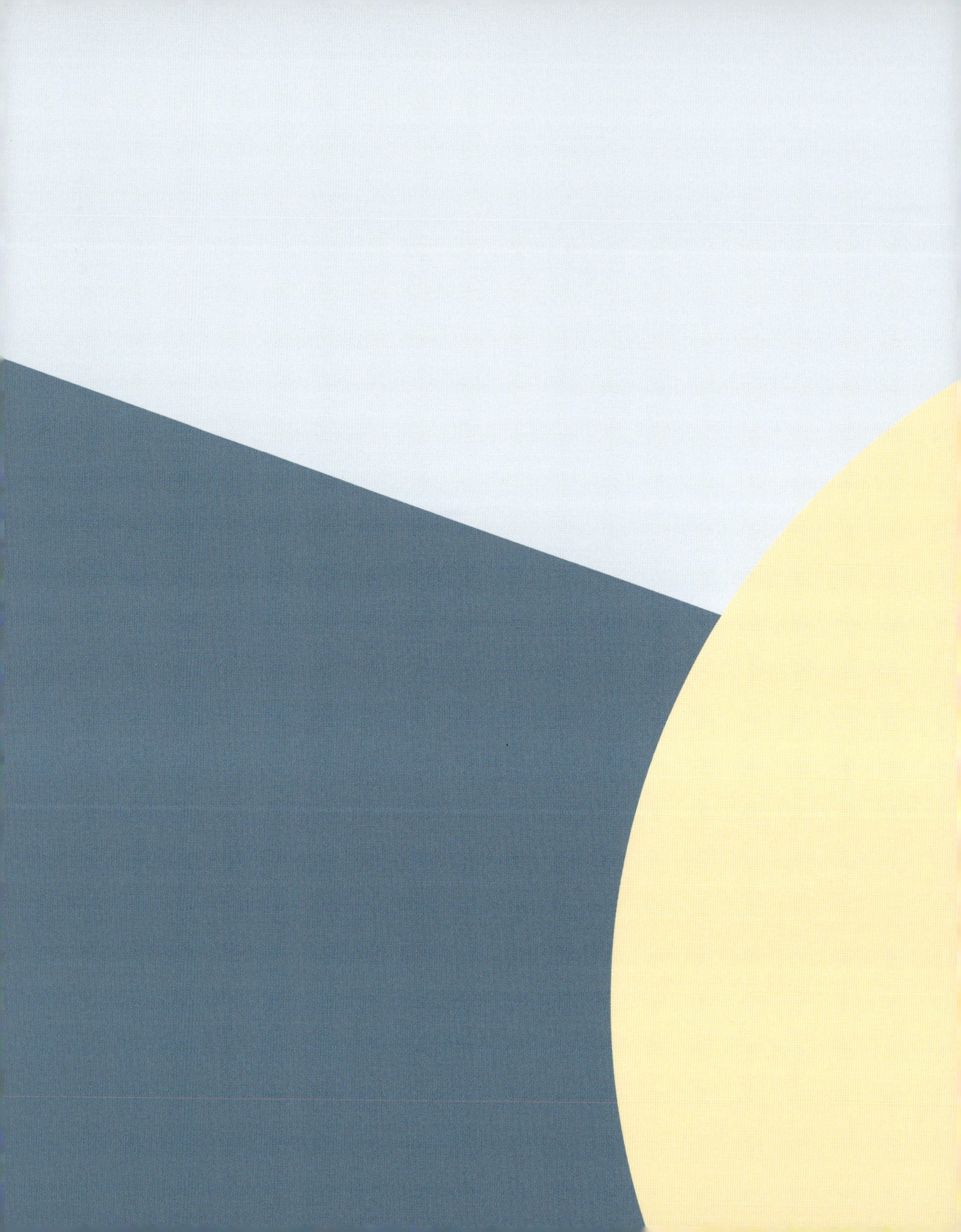

GRUNDLAGEN

GRUNDLAGEN

Luftmaschen anschlagen

1. Lege den Faden zu einer Schlinge und fixiere ihn mithilfe deines Daumens und Zeigefingers. Der Arbeitsfaden befindet sich unten hinten.
2. Stich nun mit der Nadel durch die Schlaufe und hole den Faden durch die Öffnung.
3. Ziehe die so entstandene Schlaufe leicht fest, indem du an beiden Fäden, dem Fadenende und dem Arbeitsfaden, ziehst. So entsteht die Anfangsschlinge, in die du nun weitere Luftmaschen häkeln kannst.
4. Um weitere Luftmaschen anzuschlagen, die Anfangsschlinge gut festhalten, den Faden holen und wieder durch die Schlinge ziehen. So oft wie nötig wiederholen.

1.

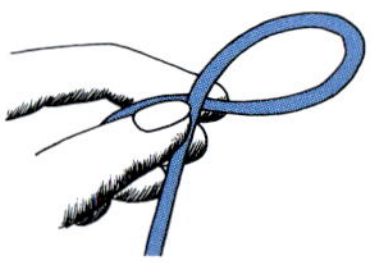

2.

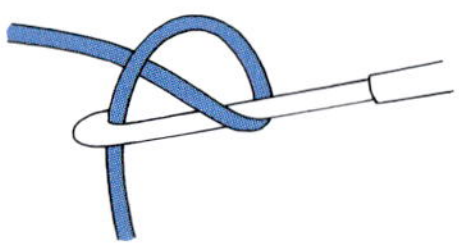

3.

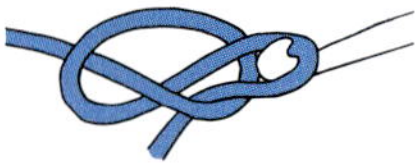

4.

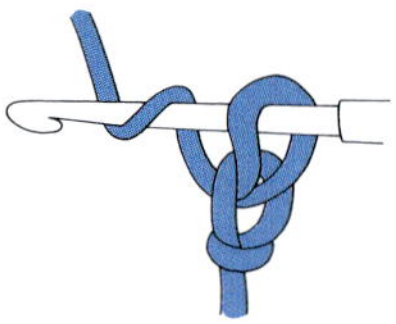

Fadenring

1. Bilde mit dem Garn eine Schlaufe, wobei das Ende des Fadens nach unten zeigt. Lege den Rest des Garns nach hinten über den Zeigefinger und fixiere das Garn zwischen Ring- und Mittelfinger.
2. Halte die Schlaufe mit dem Daumen und dem Zeigefinger fest, führe die Nadel durch die Schlaufe, hole den Faden und ziehe diesen durch die Schlaufe.
3. Hole den Arbeitsfaden erneut und ziehe ihn durch die Schlinge. So wird der Ring fixiert.
4. Ab jetzt können die Maschen wie gewohnt gehäkelt werden. Stich dabei immer um den Ring herum, nicht in die Schlaufen des Ringes hinein. Sind alle Maschen gehäkelt, kann der Ring durch Ziehen am Fadenende zusammengezogen werden.

1.

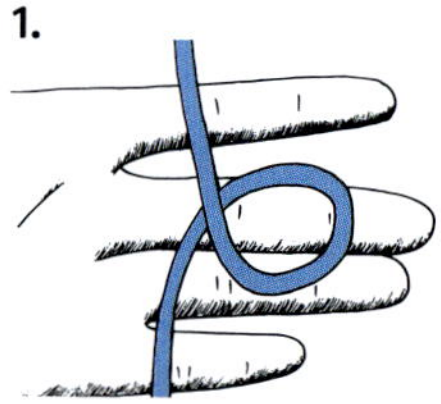

2.

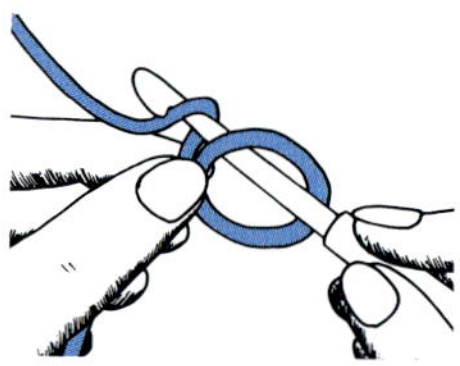

3.

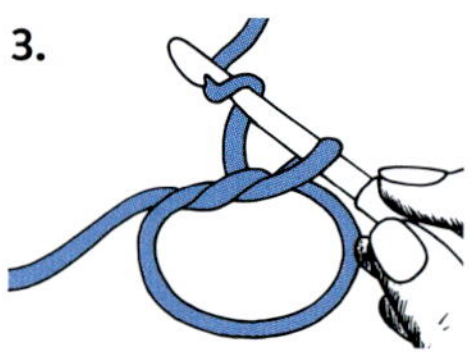

4.

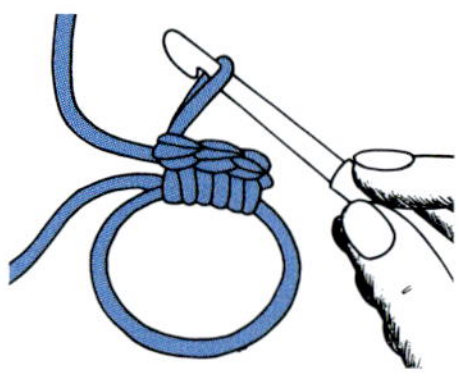

Maschenglieder

Bei manchen Anleitungen wird angegeben, dass man nur in ein Maschenglied häkeln soll. Diese Illustration verdeutlicht, wo sich das vordere bzw. das hintere Maschenglied befindet.

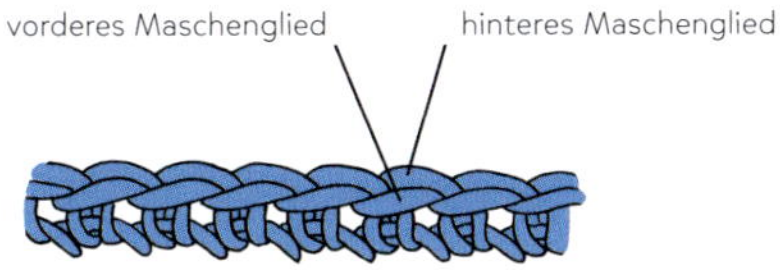

Kettmasche

Kettmaschen sind sehr vielfältig. Sie werden nicht nur verwendet, um Kanten zu verzieren, mit ihnen schließt man auch Runden.

1. Um eine Kante zu verzieren, schlinge den Faden an einer Kante des Häkelstücks an. Stich unterhalb der Wendeluftmasche in die folgende Reihe ein, hole den Faden zur Schlinge und ziehe ihn durch die Schlaufe.
2. So sieht eine mit Kettmaschen verzierte Abschlusskante aus.

1.

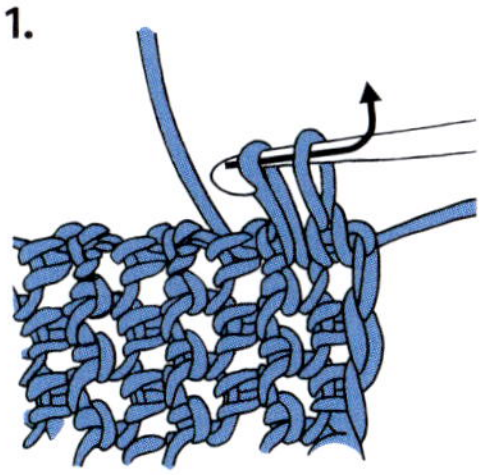

2.

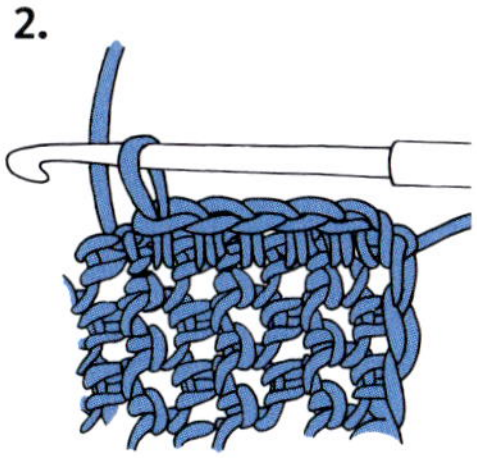

Feste Masche

1. Stich mit der Nadel durch die folgende Masche und hole den Arbeitsfaden. Es befinden sich nun zwei Schlingen auf der Nadel.
2. Hole den Arbeitsfaden erneut und ziehe ihn durch beide Schlingen auf der Nadel. Nun ist die erste feste Masche entstanden.
3. In die nächste Einstichstelle stechen und den Vorgang wiederholen.

1.

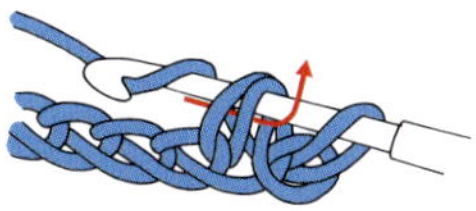

2.

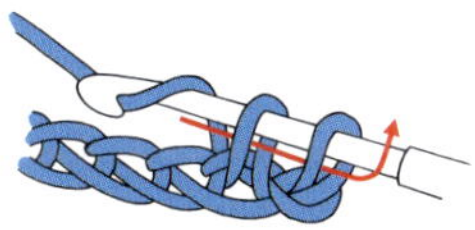

3.

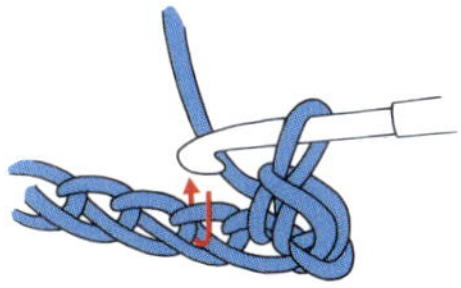

Halbes Stäbchen

1. Lege den Arbeitsfaden einmal um die Nadel (Umschlag). Stich dann in die übernächste Masche (also die dritte ab der Nadel) ein ...
2. ... und hole den Arbeitsfaden. Es befinden sich dann drei Schlingen auf der Nadel.
3. Hole den Arbeitsfaden erneut und ziehe ihn durch alle drei auf der Nadel befindlichen Schlingen.
4. So sieht das fertige halbe Stäbchen aus.

1.

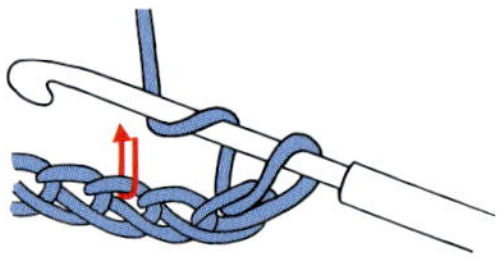

2.

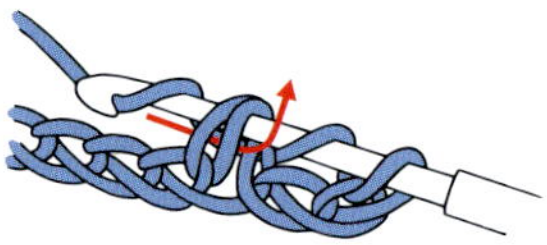

3.

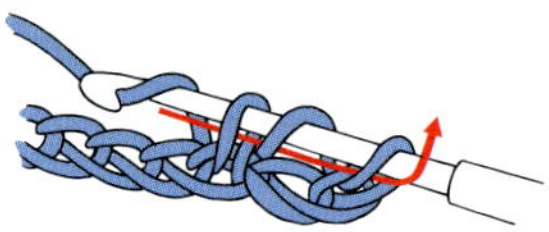

4.

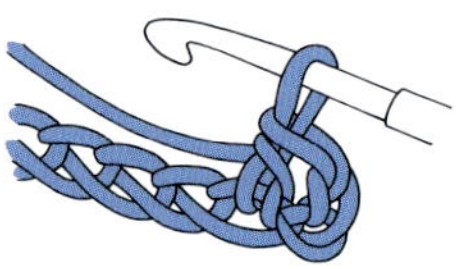

Stäbchen

1. Lege den Arbteitsfaden einmal um die Nadel (Umschlag). Stich dann in die folgende vierte Luftmasche ab der Nadel ein ...
2. ... und hole den Arbeitsfaden. Es befinden sich nun drei Schlingen auf der Nadel. Hole den Faden erneut.
3. Ziehe ihn durch die ersten beiden Schlingen auf der Nadel. Es liegen nun noch zwei Schlingen auf der Nadel.
4. Den Arbeitsfaden wieder holen und durch die letzten beiden Schlingen ziehen. Nun ist das erste Stäbchen entstanden.

1.

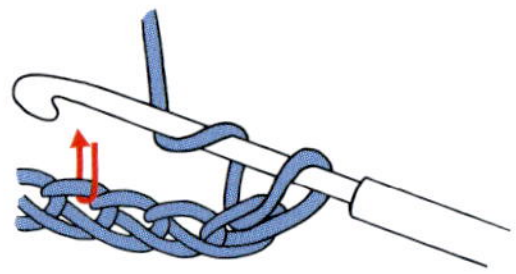

2.

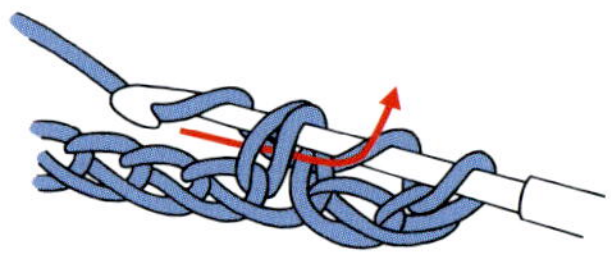

3.

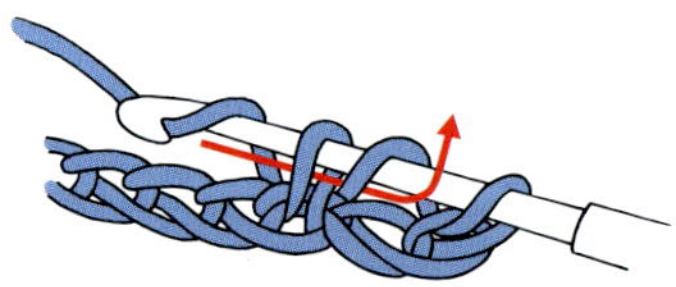

4.

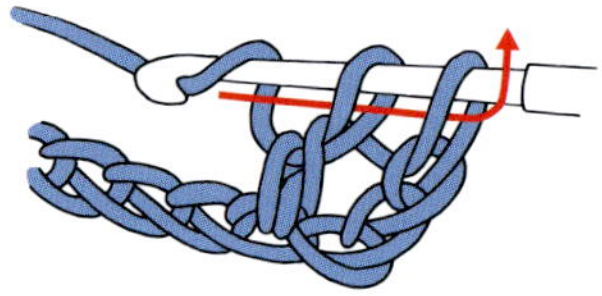

Spiralrunden

Wird in Spiralrunden gehäkelt, so wird am Ende der Runde keine Kettmasche und am Anfang der Runde keine Luftmasche gehäkelt. Die Runde läuft also einfach schneckenförmig weiter. Du kannst dir den Anfang der Runde mit einem Faden, einem Maschenmarkierer oder einer Sicherheitsnadel markieren. Das erleichtert das Zählen der Maschen.

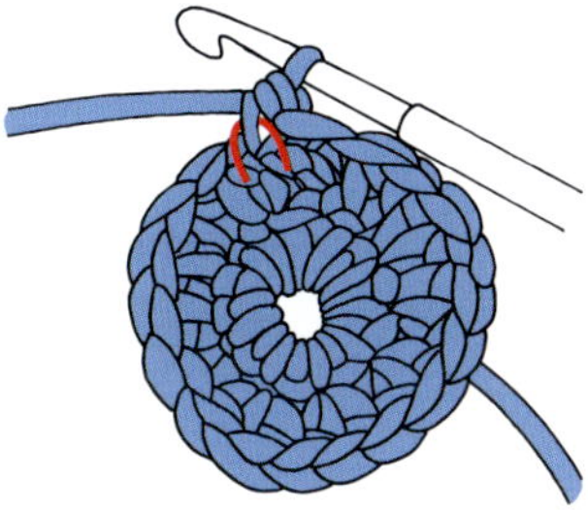

Häkeln in Reihen

Beim Häkeln in Reihen ist es wichtig, dass du genau zählst, wie viele Maschen deine Reihe hat. Am Ende einer Reihe häkelst du noch eine gewisse Anzahl an Luftmaschen. Bei festen Maschen ist das eine Wendeluftmasche; bei halben Stäbchen sind es zwei Luftmaschen und bei ganzen Stäbchen drei Luftmaschen, um auf die richtige Höhe für die nächste Reihe zu kommen. Dann wendest du das Häkelstück.

Maschen zunehmen/ verdoppeln

Um Maschen jeglicher Art zu verdoppeln, wird einfach in eine Einstichstelle zweimal eingestochen. Die Masche dann wie gewohnt häkeln.

Unsichtbare Abnahme

Diese Abnahmetechnik empfiehlt sich beim Arbeiten in Runden. Mit der Nadel nur in das vordere Maschenglied der folgenden Masche einstechen. Anschließend direkt in das nächste vordere Maschenglied einstechen. Du hast nun 3 Schlingen auf der Nadel. Den Faden holen und durch die ersten beiden Schlingen auf der Nadel ziehen. Abschließend den Faden erneut holen und durch die letzten 2 Schlingen ziehen.

Runde unsichtbar schließen

Ist die letzte Runde gehäkelt, den Faden lang abschneiden, durch die letzte Schlinge ziehen und mit einer Vernähnadel und dem Restfaden in die vorderen Maschenglieder der letzten Runde weben. Den Faden fest anziehen und so die Öffnung schließen. Das Fadenende vernähen.

Farbwechsel

1. Häkele deine Reihe bis zum Ende, masche deine letzte Masche jedoch nicht mit der alten Farbe, sondern mit der neuen Farbe ab. Dazu schlingst du die neue Farbe an …
2. … und ziehst den Faden durch die letzten beiden Schlingen der letzten Masche.
3. Mit dieser neuen Farbe kann nun die erste Steigeluftmasche für die nächste Reihe gehäkelt werden.

1.

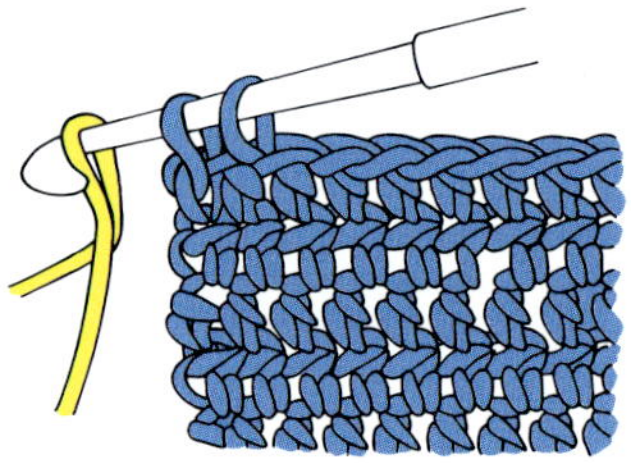

2.

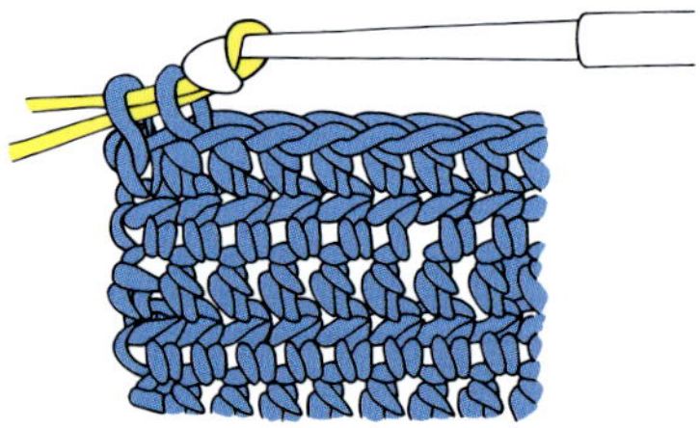

3.

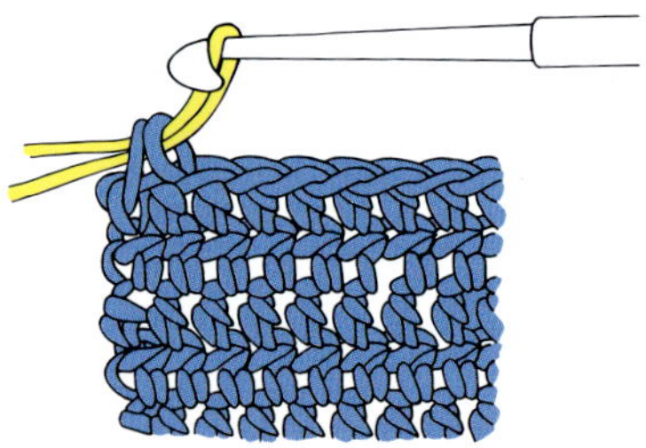

Knötchenstich

1. Den Faden mehrmals um die Nadel wickeln.
2. Dann in die Einstichstelle einstechen und den Faden fixieren.
3. So sieht der fertige Knötchenstich aus.

1.

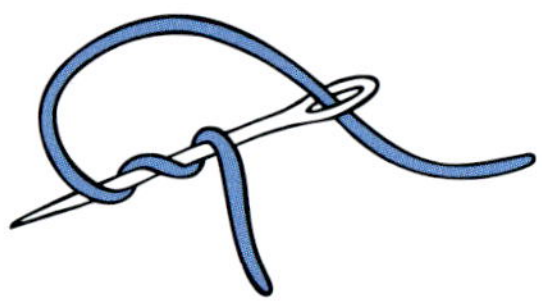

2.

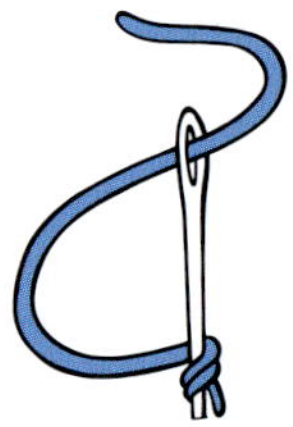

3.

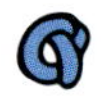

Rückstich

Von unten durch das Häkelstück ausstechen, die Nadel um die gewünschte Stichlänge in einer Entfernung nach rechts einstechen und um die doppelte Stichlänge nach links zurückstechen. Den Faden durchziehen.

Für die darauffolgenden Stiche jeweils in die vorletzte Ausstichstelle zurückstechen, danach in doppelter Stichlänge die Nadel nach vorn führen und nach oben ausstechen. Den Faden durchziehen.

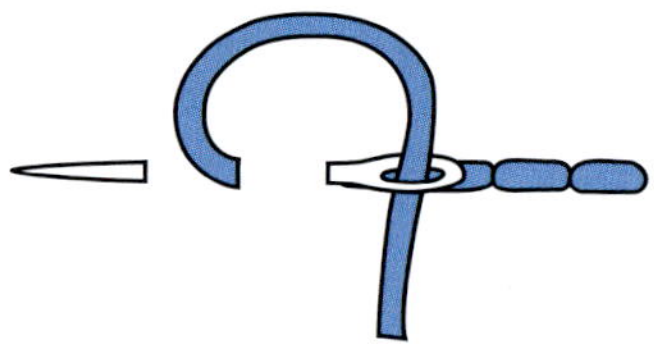

Schwierigkeitsgrade

einfach

mittel

schwierig

Abkürzungen

abn = abnehmen

anschl = anschlagen

Fb = Farbwechsel

fM = feste Masche(n)

Nd = Nadel

hStb = halbe Stäbchen

ihM = ins hintere Maschenglied

ivM = ins vordere Maschenglied

Km = Kettmasche(n)

Lm = Luftmasche(n)

M = Masche(n)

R = Reihe(n)

Rd = Runde(n)

Stb = Stäbchen

wdh = wiederholen

y 5 x = den Vorgang y 5-mal wiederholen

zun = Zunahme(n), zunehmen

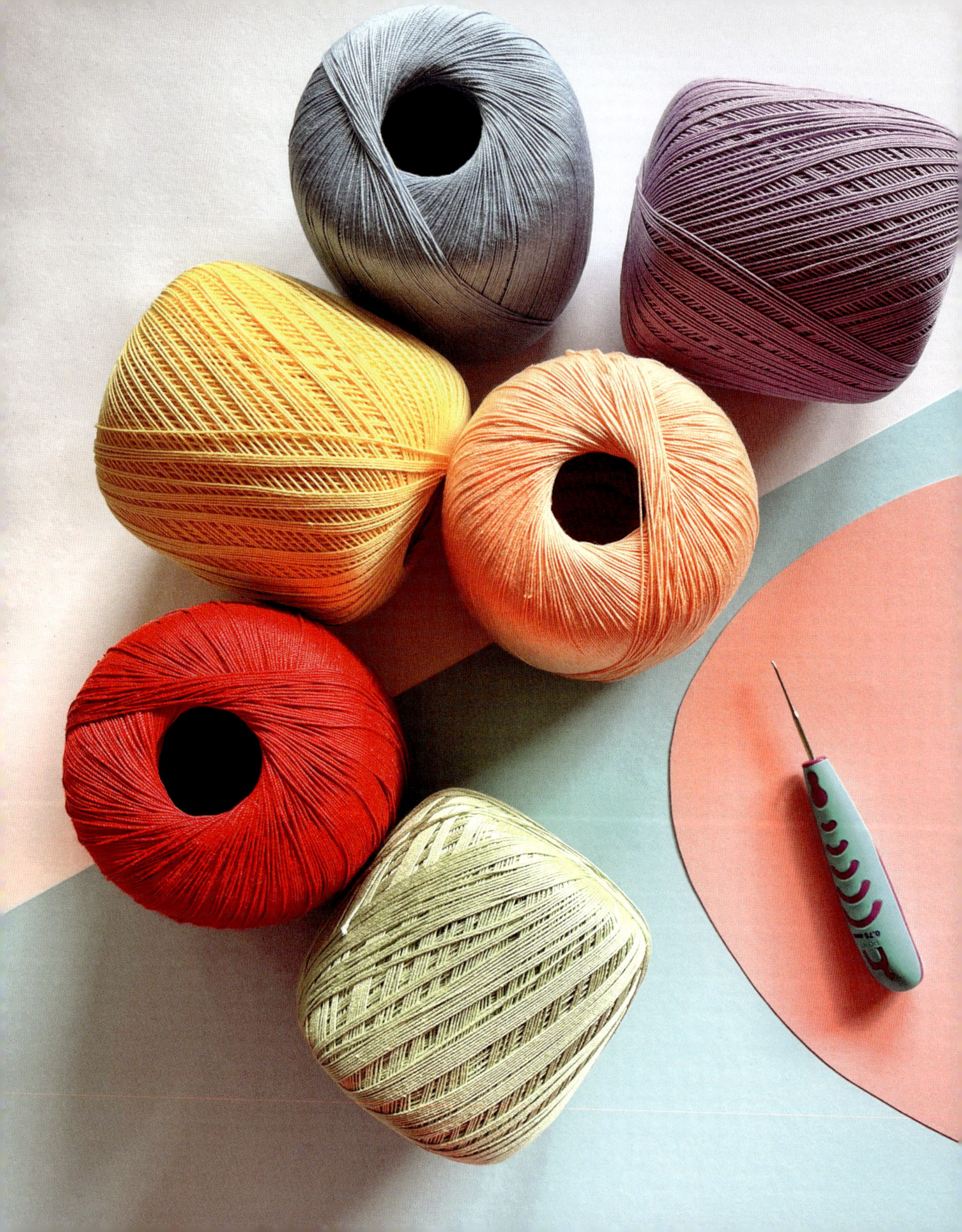

Materialien

Bei allen Figuren im Buch wird ein Filetgarn der Marke Gründl sowie eines der Marke Wollbutt von Buttinette verwendet. Wichtig ist hier auch die Größe der Häkelnadel, die in jeder Anleitung entsprechend angegeben ist. Hier habe ich darauf geachtet, bei der kleinsten Häkelnadel (0,75 mm) die ergonomische Form von Pony zu verwenden. Dies erleichtert dir das Häkeln mit Filetgarn ungemein und bringt schon nach ein paar Maschen Freude bei den Micros. Als etwas größere Nadeln mit 1 mm habe ich die Easy Grip Nadeln von Pony verwendet, die es ebenso erleichtern, deinen Winzlingen Leben einzuhauchen. Wenn du die Figuren noch kleiner haben möchtest, als in der Anleitung angegeben, hast du auch die Möglichkeit, dies mit einem Nähgarn zu versuchen. Für die Anfänge empfehle ich dir allerdings das angegebene Filetgarn, um sanft in die Welt der Micros hineinzugleiten. Wenn du bereits fortgeschritten bist, kannst du die Anleitungen natürlich alle auch mit einem Nähgarn häkeln.

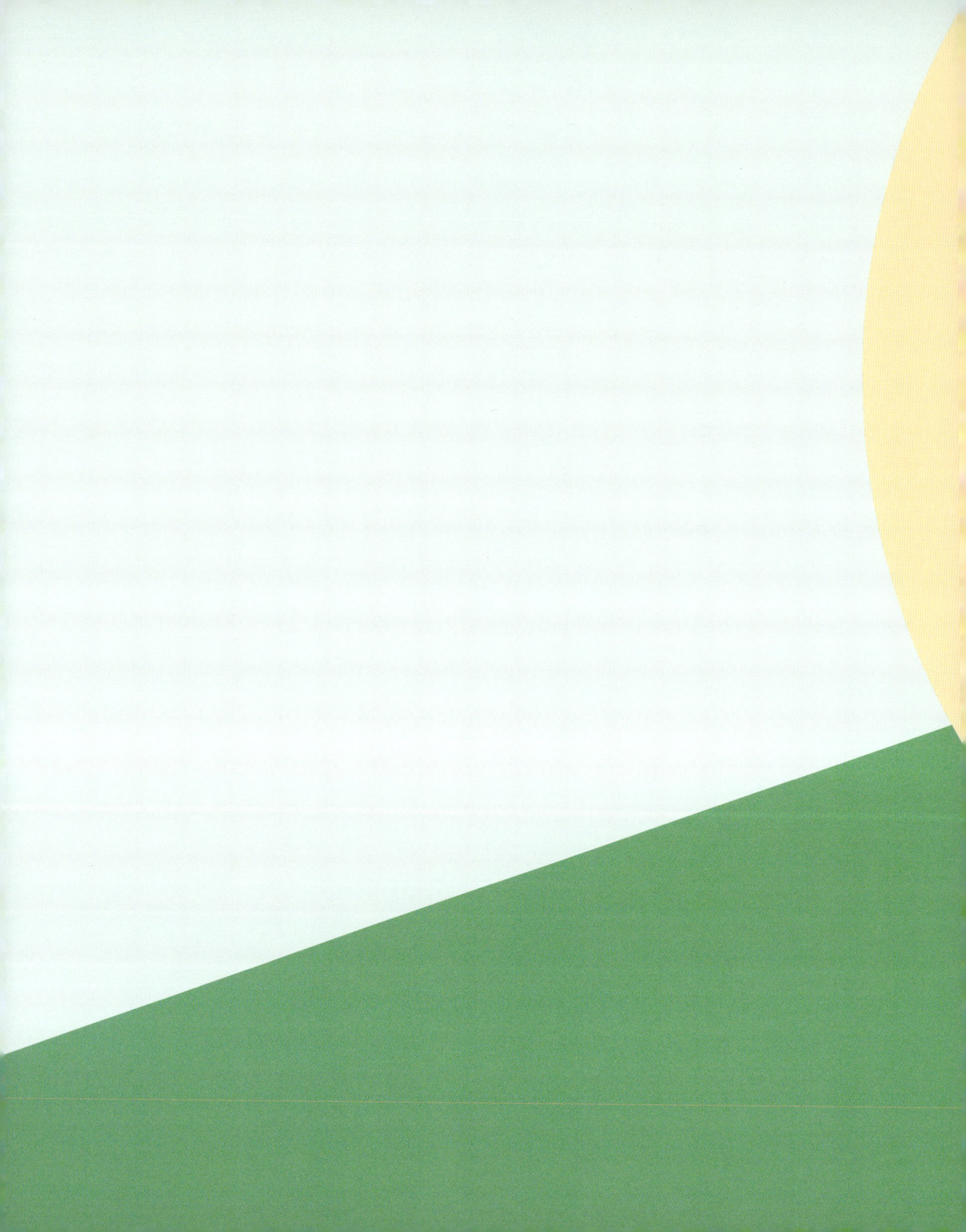

PROJEKTE

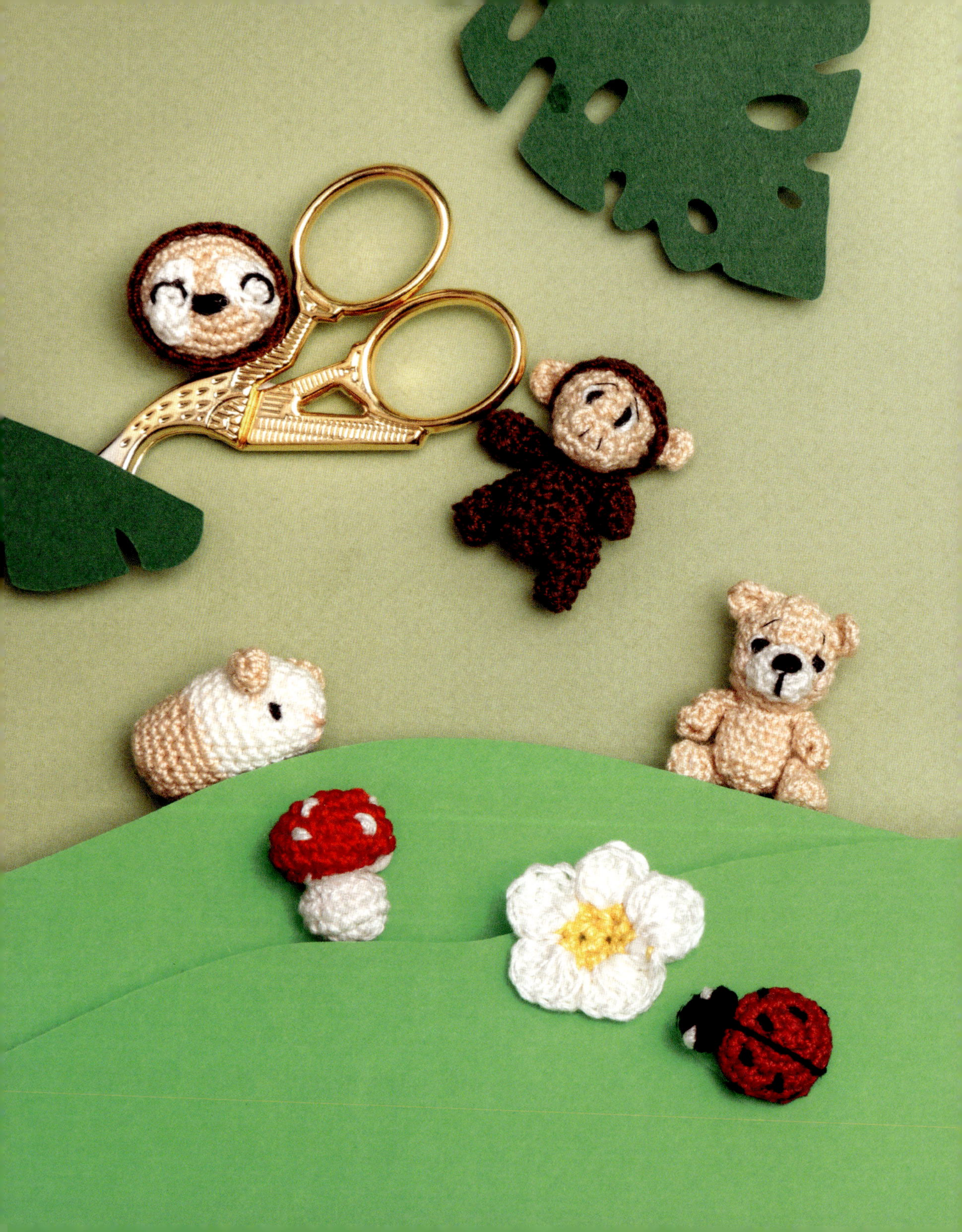

WALD & WIESE

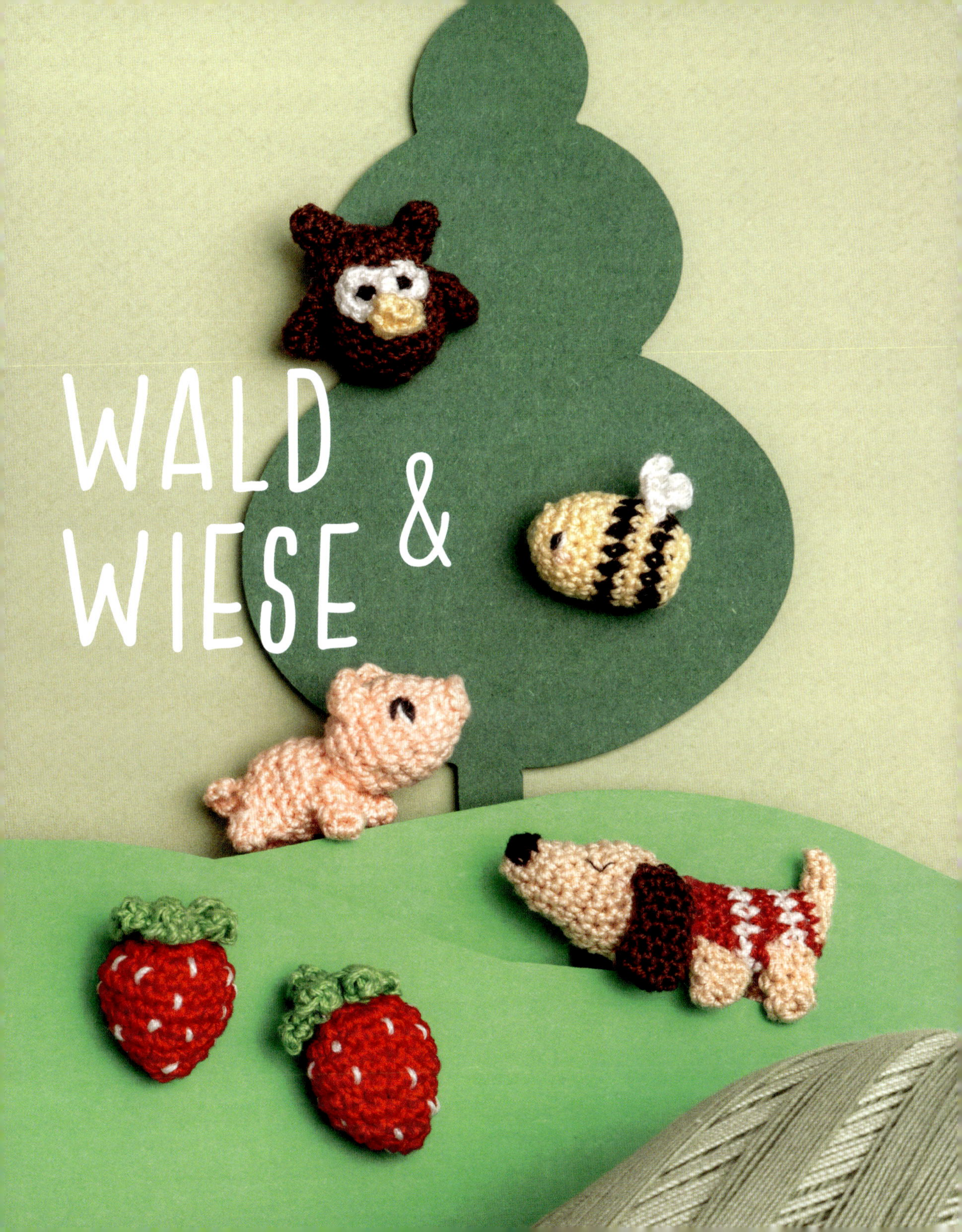

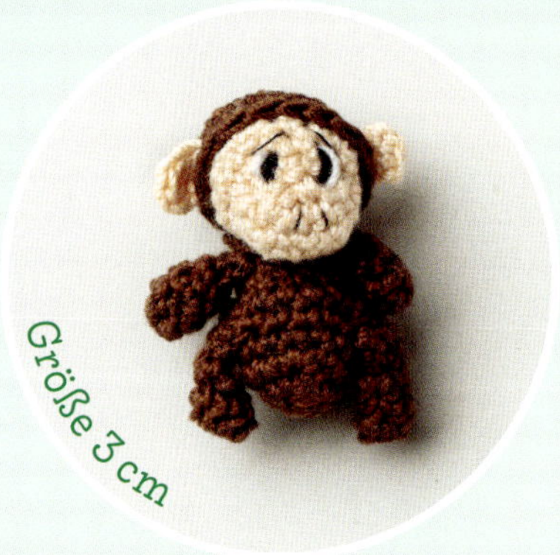

AFFE

Material

- Gründl Häkelgarn 100 uni (LL 100 g/566 m) in
  - Schokolade (138), Sand (103), Schwarz (129), Creme (102), Helles Lachs (112), je ein Rest
- Pony Häkelnadel 1,0 mm
- Stumpfe Wollnadel
- Nähgarn in Schwarz
- Füllwatte

KOPF (IN SCHOKOLADE UND SAND)

Häkle in Rd. Den Kopf fortlaufend mit Füllwatte ausstopfen. Beginne in Sand.

1. Rd: 6 fM in einen Fadenring häkeln (= 6 M).

2. Rd: 6x 1 M zun (= 12 M).

3. Rd: *2 fM, 1 M zun*, von * bis * noch 3x wdh (= 16 M).

4.–5. Rd: 16 fM häkeln.

Fb-Wechsel zu Schokolade.

6. Rd: *7 fM ihM, 1 M zun ihM*, von* bis* noch 1x wdh (= 18 M).

7. Rd: 18 fM häkeln.

8. Rd: *1 fM, 1 M abn*, von* bis* noch 5x wdh (= 12 M).

9. Rd: 6x 1 M abn (= 6 M).

Den Faden abschneiden, durch die vorderen M-Glieder der letzten Rd fädeln, festziehen und vernähen. Dann den Faden in Schokolade ivM aus Rd 6 wieder aufnehmen, von unten nach oben einstechen und rundherum fM häkeln.

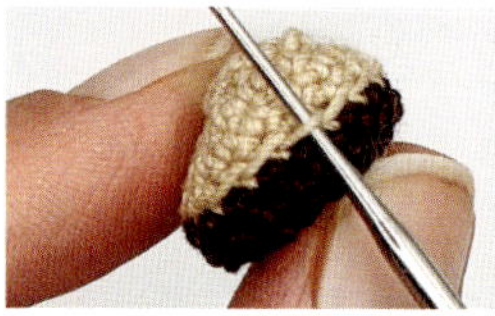

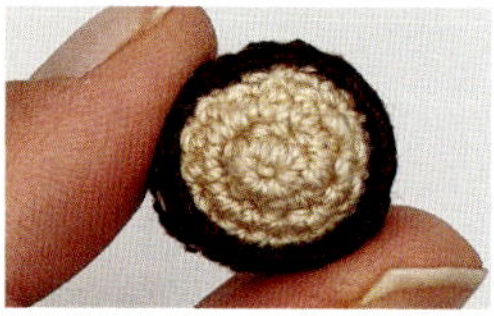

Den Faden abschneiden und vernähen.

SCHNAUZE (IN SAND)

Häkle in Rd. Die Schnauze nicht mit Füllwatte ausstopfen.

Schlage 5 Lm an, stich in die 2. Lm von der Nd aus ein und häkle wie folgt um die Lm-Kette herum:

1. Rd: 3 fM, 3 fM in eine M, 2 fM, 1 M zun (= 10 M).

2. Rd: *1 M zun, 4 fM*, von* bis* noch 1x wdh (= 12 M).

Abketten, den Faden lang abschneiden und die Schnauze über Rd 1–2 am Kopf festnähen.

OHREN (2X IN SAND)

Häkle 6 fM in einen Fadenring und beende mit einer Km. Den Faden lang abschneiden und die Ohren parallel zur Schnauze, seitlich am Kopf, festnähen.

GESICHT FERTIGSTELLEN

Sticke die Augen in Schwarz, mit 2 M Abstand dazwischen direkt über der Schnauze auf, stich 4x ein. Das Augenweiß direkt neben den Augen aufsticken. Die Augenbrauen mit schwarzem Nähgarn über 2 M hoch über den Augen aufsticken. Die Nasenlöcher ebenso mit schwarzem Nähgarn über 1 M hoch und mit 1 M Abstand auf der Schnauze anbringen. Die Wangen in Lachs über 1 M breit unter dem Auge aufsticken, dabei 2x einstechen.

KÖRPER (IN SCHOKOLADE)

1. Rd: 6 fM in einen Fadenring häkeln (= 6 M).

2. Rd: 6x 1 M zun (= 12 M).

3. Rd: *5 fM, 1 M zun*, von* bis* noch 1x wdh (= 14 M).

4.–5. Rd: 14 fM häkeln.

6. Rd: *5 fM, 1 M abn*, von* bis* noch 1x wdh (= 12 M).

7. Rd: *4 fM, 1 M abn*, von* bis* noch 1x wdh (= 10 M).

8.–9. Rd: 10 fM häkeln.

10. Rd: 5x 1 M abn (= 5 M).

Den Faden lang abschneiden und den Kopf am Körper festnähen.

ARME UND BEINE (4X IN SCHOKOLADE)

Häkle in Rd. Arme und Beine nicht mit Füllwatte ausstopfen.

1. Rd: 6 fM in einen Fadenring häkeln (= 6 M).

2.–4. Rd: 6 fM häkeln.

5. Rd: *1 fM, 1 M abn*, von* bis* noch 1x wdh (= 4 M).

Das Ende falten und mit 2 fM zusammenhäkeln. Den Faden lang abschneiden und die Arme unter dem Kopf, die Beine ca. 3 Rd unter den Armen festnähen.

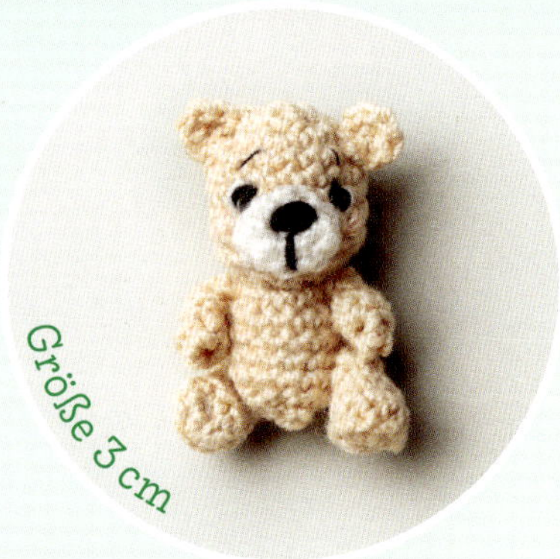

BÄR

Material

- Gründl Häkelgarn 100 uni (LL 100 g/566 m) in
  - Sand (103), Creme (102), Schwarz (129), Helles Lachs (112), je ein Rest
- Pony Häkelnadel 0,75 mm
- Stumpfe Wollnadel
- Nähgarn in Schwarz
- Füllwatte

KOPF UND KÖRPER (IN SAND)

Häkle in Rd. Kopf und Körper fortlaufend mit Füllwatte ausstopfen.

1. Rd: 6 fM in einen Fadenring häkeln (= 6 M).

2. Rd: 6x 1 M zun (= 12 M).

3. Rd: *1 fM, 1 M zun*, von* bis* noch 5x wdh (= 18 M).

4.–8. Rd: 18 fM häkeln.

9. Rd: *1 fM, 1 M abn*, von* bis* noch 5x wdh (= 12 M).

10. Rd: 6x 1 M abn (= 6 M).

11. Rd: 6x 1 M zun (=12 M).

12. Rd: *5 fM, 1 M zun*, von* bis* noch 1x wdh (= 14 M).

13.–15. Rd: 14 fM häkeln.

16. Rd: *5 fM, 1 M abn*, von* bis* noch 1x wdh (= 12 M).

17. Rd: 6x 1 M abn (=6 M).

Den Faden abschneiden, durch die vorderen M-Glieder der letzten Rd fädeln, fest zuziehen und vernähen.

SCHNAUZE (IN CREME)

Häkle in Rd. Die Schnauze nicht mit Füllwatte ausstopfen.

Schlage 4 Lm an, stich in die 2. Lm von der Nd aus ein und häkle wie folgt um die Lm-Kette herum:

1. Rd: 2 fM, 3 fM in eine M, 1 fM, 1 M zun (= 8 M).

2. Rd: 8 fM häkeln.

Den Faden lang abschneiden und die Schnauze am Kopf festnähen.

OHREN (2X IN SAND)

Häkle 6 fM in einen Fadenring und beende mit einer Km. Den Faden lang abschneiden und die Ohren über Rd 3–4 am Kopf festnähen.

ARME (2X IN SAND)

Häkle in Rd. Die Arme nicht mit Füllwatte ausstopfen.

1. Rd: 6 fM in einen Fadenring häkeln (= 6 M).

2.–4. Rd: 6 fM häkeln.

Den Faden lang abschneiden, durch die forderen M-Glieder der letzten Rd fädeln, fest zuziehen und die Arme unter dem Kopf festnähen.

BEINE (2X IN SAND)

Häkle in Rd. Die Beine nicht mit Füllwatte ausstopfen.

1. Rd: 10 fM in einen Fadenring häkeln (= 10 M).

2. Rd: 10 fM ihM häkeln.

3. Rd: *3 fM, 1 M abn*, von* bis* noch 1x wdh (= 8 M).

4.–5. Rd: 8 fM häkeln.

Den Faden lang abschneiden, durch die vorderen M-Glieder der letzten Rd fädeln, fest zuziehen und die Beine sitzend am Körper festnähen.

GESICHT FERTIGSTELLEN

Sticke die Augen in Schwarz über 1 fM hoch neben der Schnauze auf, dabei 4x einstechen. Das Augenweiß direkt neben den Augen aufsticken. Die Nase über 1 fM breit auf die Schnauze sticken, dabei 4x einstechen. Darunter noch 2 fM nach unten sticken, um die Schnauze fertigzustellen. Die Wangen in Lachs über 1 fM breit unter den Augen aufsticken, dabei 3x einstechen. Die Augenbrauen mit schwarzem Nähgarn 1 Rd über den Augen über 1 fM breit und 1 Rd hoch aufsticken.

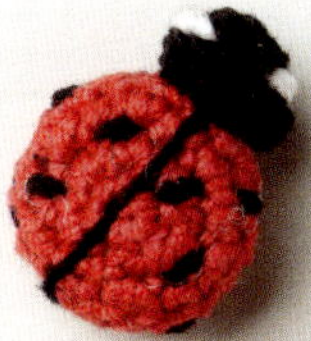

MARIENKÄFER

Material

- Gründl Häkelgarn 100 uni (LL 100 g/566 m) in
  - Creme (102), Schwarz (129), Rotbraun (125), je ein Rest
- Pony Häkelnadel 0,75 mm
- Stumpfe Wollnadel
- Füllwatte

KÖRPER (IN ROTBRAUN UND SCHWARZ)

Häkle in Rd. Den Körper fortlaufend mit Füllwatte ausstopfen. Beginne in Rotbraun.

1. Rd: 6 fM in einen Fadenring häkeln (= 6 M).

2. Rd: 6x 1 M zun (= 12 M).

3. Rd: *1 fM, 1 M zun*, von* bis* noch 5x wdh (= 18 M).

4.–5. Rd: 18 fM häkeln.

Fb-Wechsel zu Schwarz.

6. Rd: *1 fM ihM, 1 M abn ihM*, von* bis* noch 5x wdh (=12 M).

7. Rd: 6x 1 M abn (= 6 M).

Den Faden abschneiden, durch die vorderen M-Glieder der letzten Rd fädeln, fest zuziehen und vernähen. Dann den Faden in Rotbraun ivM aus Rd 6 wieder aufnehmen, von oben nach unten einstechen und rundherum Km häkeln. Den Faden abschneiden und vernähen.

KOPF (IN SCHWARZ)

Häkle in Rd. Den Kopf fortlaufend mit Füllwatte ausstopfen.

1. Rd: 6 fM in einen Fadenring häkeln (= 6 M).

2. Rd: *2 fM, 1 M zun*, von* bis* noch 1x wdh (= 8 M).

3. Rd: 8 fM häkeln.

4. Rd: *2 fM, 1 M abn*, von* bis* noch 1x wdh (= 6 M).

Den Faden abschneiden, durch die vorderen M-Glieder der letzten Rd fädeln, fest zuziehen und den Kopf am Körper festnähen.

MARIENKÄFER FERTIGSTELLEN

Sticke die Augen in Creme über 1 fM hoch auf dem Kopf auf, dazu 3x einstechen. Den Rückenstreifen in Schwarz mithilfe des Rückstichs auf dem Körper aufsticken. Anschließend je vier Punkte pro Körperseite in Schwarz mithilfe des Knötchenstichs aufsticken.

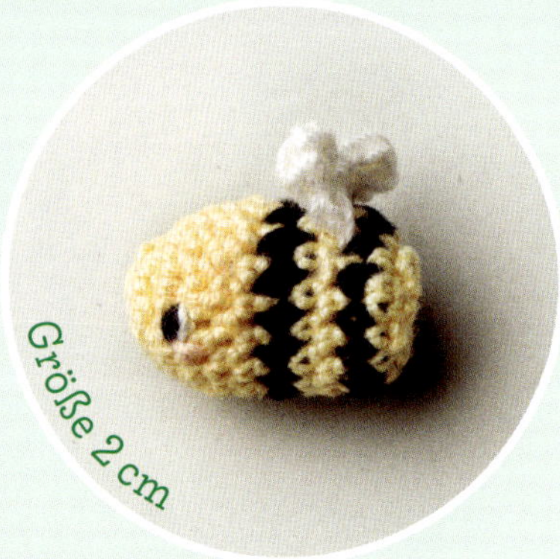

BIENE

Material

- Gründl Häkelgarn 100 uni (LL 100 g/566 m) in
  - Pastellgelb (120), Schwarz (129), Creme (102), Helles Lachs (112), je ein Rest
- Pony Häkelnadel 1,0 mm
- Stumpfe Wollnadel
- Füllwatte

KÖRPER (IN PASTELLGELB UND SCHWARZ)

Häkle in Rd. Den Körper fortlaufend mit Füllwatte ausstopfen. Beginne in Pastellgelb.

1. Rd: 6 fM in einen Fadenring häkeln (= 6 M).

2. Rd: 6x 1 M zun (= 12 M).

3. Rd: *1 fM, 1 M zun*, von* bis* noch 5x wdh (= 18 M).

4. Rd: *7 fM, 1 M abn*, von* bis* noch 1x wdh (= 16 M).

5. Rd: 16 fM häkeln.

Fb-Wechsel zu Schwarz.

6. Rd: 16 fM häkeln.

Fb-Wechsel zu Pastellgelb.

7.–8. Rd: 16 fM häkeln.

Fb-Wechsel zu Schwarz.

9. Rd: *6 fM, 1 M abn*, von* bis* noch 1x wdh (= 14 M).

10. Rd: 7x 1 M abn (= 7 M).

Den Faden lang abschneiden, durch die vorderen M-Glieder der letzten Rd fädeln, fest zuziehen und dann vernähen.

FLÜGEL (2X IN CREME)

Häkle in Rd. Nimm den Faden mittig zwischen den schwarzen Streifen am Körper auf und fixiere ihn mit einer Km. Häkle anschließend 3 Lm, stich in die 2. Lm von der Nd aus ein und häkle 4 fM in eine M, 1 fM und danach 1 Km in den Körper. Den Faden abschneiden und vernähen. Wdh das Ganze noch einmal für den zweiten Flügel.

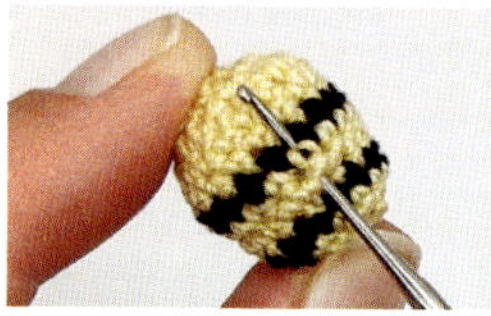

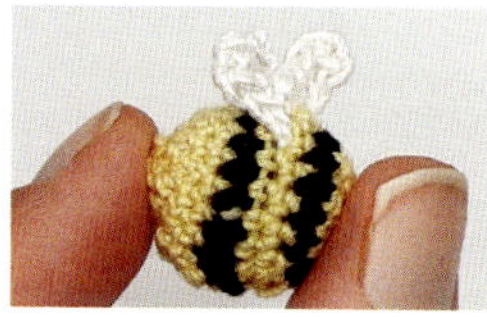

GESICHT FERTIGSTELLEN

Die Augen in Schwarz über 1 M hoch zwischen Rd 3–4 des Körpers aufsticken, dabei 3x einstechen. Dann direkt daneben das Augenweiß anbringen. Die Wangen in Lachs unter den Augen aufsticken, dabei 3x einstechen.

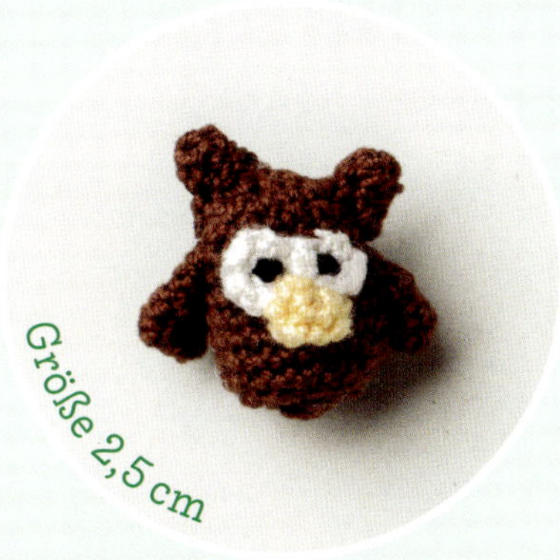

EULE

Material

- » Gründl Häkelgarn 100 uni (LL 100 g/566 m) in
  - » Creme (102), Schokolade (138), Schwarz (129), Pastellgelb (120), je ein Rest
- » Pony Häkelnadel 0,75 mm
- » Stumpfe Wollnadel
- » Füllwatte

KÖRPER (IN SCHOKOLADE)

Häkle in Rd. Den Körper fortlaufend mit Füllwatte ausstopfen.

1. Rd: 6 fM in einen Fadenring häkeln (= 6 M).

2. Rd: 6x 1 M zun (= 12 M).

3. Rd: *4 fM, 2x 1 M zun*, von* bis* noch 1x wdh (= 16 M).

4. Rd: *7 fM, 1 M zun*, von* bis* noch 1x wdh (= 18 M).

5.–10. Rd: 18 fM häkeln.

11. Rd: *7 fM, 1 M abn*, von* bis* noch 1x wdh (= 16 M).

12. Rd: *4 fM, 2x 1 M abn*, von* bis* noch 1x wdh (= 12 M).

13. Rd: 6x 1 M abn (= 6 M).

Den Faden abschneiden, durch die vorderen M-Glieder der letzten Rd fädeln, fest zuziehen und vernähen.

AUGEN (2X IN CREME)

Häkle 6 fM in einen Fadenring und beende mit 1 Km. Den Faden lang abschneiden und die Augen über Rd 5–7 am Kopf festnähen.

SCHNABEL (IN PASTELLGELB)

Häkle in Rd. Den Schnabel nicht mit Füllwatte ausstopfen.

Schlage 3 Lm an, stich in die 2. Lm von der Nd aus ein und häkle wie folgt um die Lm-Kette herum:

1. Rd: 1 fM, 3 fM in eine M, 1 M zun (= 6 M).

2. Rd: 6 fM häkeln.

Abketten, den Faden lang abschneiden und den Schnabel mittig unter den Augen festnähen.

GESICHT FERTIGSTELLEN

Die Pupillen in Schwarz mittig auf den Augen mithilfe des Knötchenstichs aufsticken.

FLÜGEL (2X IN SCHOKOLADE)

Häkle in Rd. Die Flügel nicht mit Füllwatte ausstopfen.

Schlage 4 Lm an, stich in die 2. Lm von der Nd aus ein und häkle wie folgt um die Lm-Kette herum:

1. Rd: 2 fM, 3 fM in eine M, 1 fM, 1 M zun (= 8 M).

2.–3. Rd: 8 fM häkeln.

Das Ende falten und mit 4 fM zusammenhäkeln. Den Faden lang abschneiden und die Flügel parallel zu den Augen, seitlich am Körper, festnähen.

OHREN (2X IN SCHOKOLADE)

Häkle in Rd. Die Ohren nicht mit Füllwatte ausstopfen.

1. Rd: 6 fM in einen Fadenring häkeln (= 6 M).

2.–3. Rd: 6 fM häkeln.

Abketten, den Faden lang abschneiden und die Ohren am Kopf festnähen.

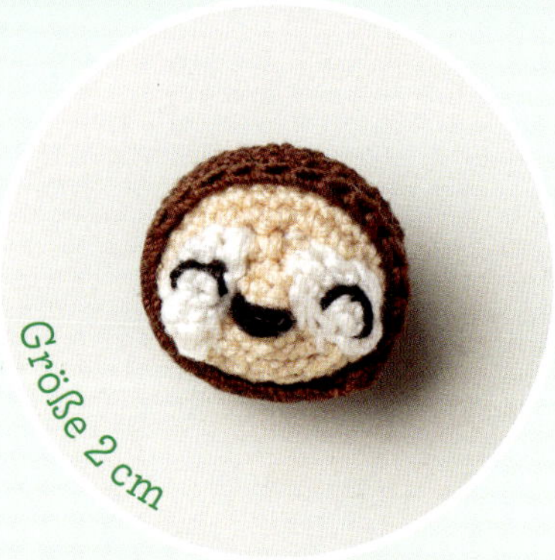

FAULTIER

Material

- » Gründl Häkelgarn 100 uni (LL 100 g/566 m) in
  - » Sand (103), Schokolade (138), Schwarz (129), Creme (102), je ein Rest
- » Pony Häkelnadel 0,75 mm
- » Stumpfe Wollnadel
- » Füllwatte

KOPF (IN SCHOKOLADE UND SAND)

Häkle in Rd. Den Kopf fortlaufend mit Füllwatte ausstopfen. Beginne in Sand.

1. Rd: 6 fM in einen Fadenring häkeln (= 6 M).

2. Rd: 6x 1 M zun (=12 M).

3. Rd: *1 fM, 1 M zun*, von* bis* noch 5x wdh (= 18 M).

4. Rd: *2 fM, 1 M zun*, von* bis* noch 5x wdh (= 24 M).

5.–6. Rd: 24 fM häkeln.

Fb-Wechsel zu Schokolade.

7. Rd: 24 fM ihM häkeln.

8.–9. Rd: 24 fM häkeln.

10. Rd: *2 fM, 1 M abn*, von* bis* noch 5x wdh (= 18 M).

11. Rd: *1 fM, 1 M abn*, von* bis* noch 5x wdh (= 12 M).

12. Rd: 6x 1 M abn (= 6 M).

Den Faden abschneiden, durch die vorderen M-Glieder der letzten Rd fädeln, fest zuziehen und vernähen. Anschließend den Faden in Schokolade ivM aus Rd 7 wieder aufnehmen, von oben nach unten einstechen und rundherum fM häkeln.

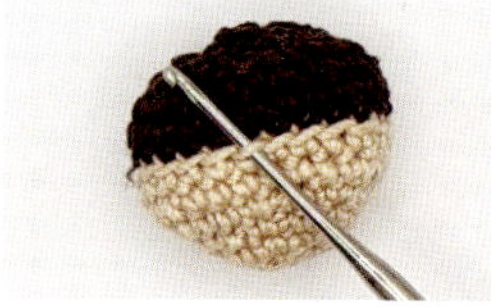

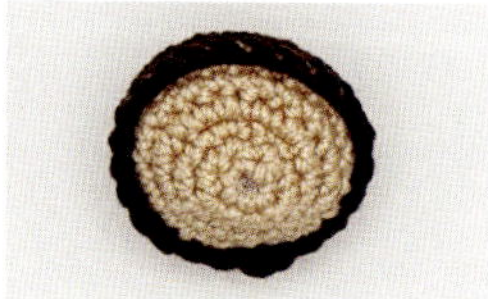

Den Faden abschneiden und vernähen.

AUGENPATCHES (2X IN CREME)

Häkle in Rd. Schlage 4 Lm an, stich in die 2. Lm von der Nd aus ein und häkle wie folgt um die Lm-Kette herum:

1. Rd: 2 fM, 3 fM in eine M, 1 fM, 1 M zun (= 8 M).

Abketten, den Faden lang abschneiden und die Augenpatches am Kopf festnähen.

GESICHT FERTIGSTELLEN

Die Nase zwischen den Augenpatches in Schwarz aufsticken, dazu 6x einstechen. Die Augen ebenso in Schwarz über 2 fM breit auf den Augenpatches aufsticken und mit einer Schlaufe 1 Rd nach oben ziehen.

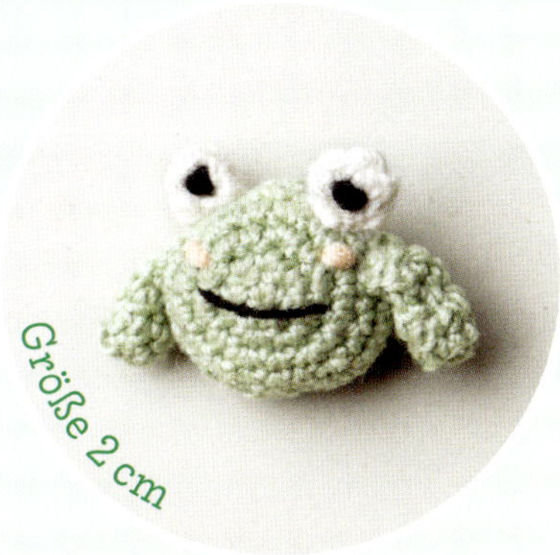

FROSCH

Material

- Gründl Häkelgarn 100 uni (LL 100 g/566 m) in
  - Pistazie (123), Creme (102), Helles Lachs (112), Schwarz (129), je ein Rest
- Pony Häkelnadel 0,75 mm
- Stumpfe Wollnadel
- Füllwatte

KÖRPER (IN PISTAZIE)

Häkle in Rd. Den Körper fortlaufend mit Füllwatte ausstopfen.

1. Rd: 6 fM in einen Fadenring häkeln (= 6 M).

2. Rd: 6x 1 M zun (=12 M).

3. Rd: *1 fM, 1 M zun*, von* bis* noch 5x wdh (= 18 M).

4. Rd: *2 fM, 1 M zun*, von* bis* noch 5x wdh (= 24 M).

5.–7. Rd: 24 fM häkeln.

8. Rd: *2 fM, 1 M abn*, von* bis* noch 5x wdh (= 18 M).

9. Rd: *1 fM, 1 M abn*, von* bis* noch 5x wdh (= 12 M).

10. Rd: 6x 1 M abn (= 6 M).

Den Faden abschneiden, durch die vorderen M-Glieder der letzten Rd fädeln, fest zuziehen und vernähen.

AUGEN (2X IN CREME)

Häkle in Rd. Die Augen nicht mit Füllwatte ausstopfen.

1. Rd: 6 fM in einen Fadenring häkeln (= 6 M).

2.–3. Rd: 6 fM häkeln.

Den Faden abschneiden, durch die vorderen M-Glieder der letzten Rd fädeln und fest zuziehen. Die Pupillen in Schwarz mithilfe des Knötchenstichs auf Rd 1 der Augen aufsticken. Diese dann über Rd 5–6 auf dem Körper, mit 2 M Abstand dazwischen, festnähen.

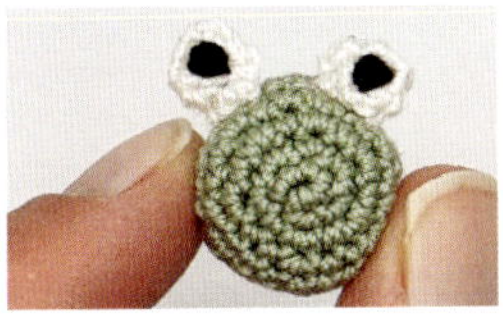

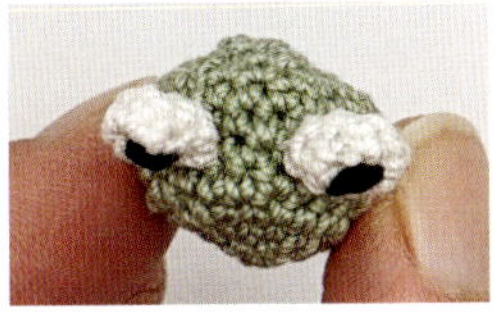

ARME (2X IN PISTAZIE)

Häkle in Rd. Die Arme nicht mit Füllwatte ausstopfen.

1.–3. Rd: Wdh Rd 1–3 der Augen (= 6 M).

4. Rd: *1 fM, 1 M abn*, von* bis* noch 1x wdh (= 4 M).

Das Ende falten und mit 2 fM zusammenhäkeln. Den Faden lang abschneiden und die Arme 1 Rd unter den Augen festnähen. Die Wangen in Lachs über 1 fM breit 1 Rd unter den Augen aufsticken, dazu 2x einstechen. Den Mund in Schwarz über 5 fM breit 1 Rd unter den Wangen aufsticken.

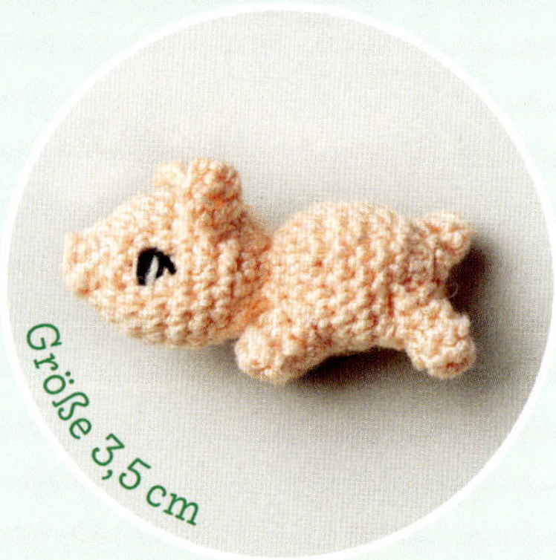

SCHWEIN

Material

- Gründl Häkelgarn 100 uni (LL 100 g/566 m) in
  - Helles Lachs (112), Schwarz (129), Creme (102), je ein Rest
- Pony Häkelnadel 0,75 mm
- Stumpfe Wollnadel
- Nähgarn in Schwarz
- Füllwatte

KOPF UND KÖRPER (IN HELLEM LACHS)

Häkle in Rd. Kopf und Körper fortlaufend mit Füllwatte ausstopfen.

1. Rd: 6 fM in einen Fadenring häkeln (= 6 M).

2. Rd: 6 fM ihM häkeln.

3. Rd: 6x 1 M zun (= 12 M).

4. Rd: *1 fM, 1 M zun*, von* bis* noch 5x wdh (= 18 M).

5. Rd: *2 fM, 1 M zun*, von* bis* noch 5x wdh (= 24 M).

6.–8. Rd: 24 fM häkeln.

9. Rd: *2 fM, 1 M abn*, von* bis* noch 5x wdh (= 18 M).

10. Rd: 18 fM häkeln.

11. Rd: *1 fM, 1 M abn*, von* bis* noch 5x wdh (= 12 M).

12. Rd: 6x 1 M abn (= 6 M).

13. Rd: 6x 1 M zun (= 12 M).

14. Rd: *1 fM, 1 M zun*, von* bis* noch 5x wdh (= 18 M).

15.–18. Rd: 18 fM häkeln.

19. Rd: *1 fM, 1 M abn*, von* bis* noch 5x wdh (= 12 M).

In der nächsten Rd wird der Schwanz gehäkelt. Die M, die für den Schwanz gehäkelt werden, werden am Ende der Rd in der Klammer nicht mitgezählt.

20. Rd: 6 fM, 3 Lm, in die 2. Lm von der Nd aus einstechen, *3 fM in eine M*, von* bis* noch 1x wdh, 1 Km ivM direkt unter der Lm-Kette, 6 fM (=12 M).

In der nächsten Rd wird, direkt hinter dem Schwanz, in das hintere M-Glied der Vorrunde gehäkelt. Die restlichen M werden in beide M-Glieder gehäkelt.

21. Rd: 6x 1 M abn (= 6 M).

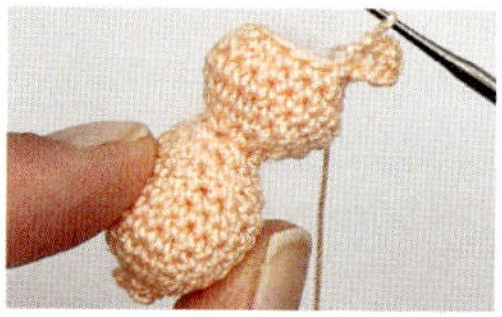

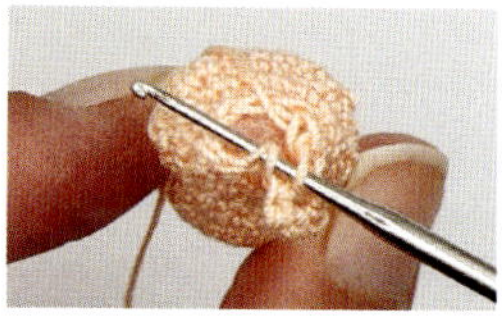

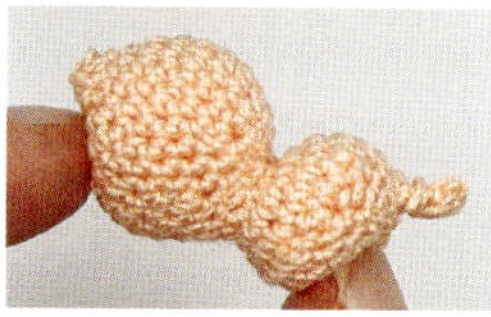

Den Faden abschneiden, durch die vorderen M-Glieder der letzten Rd fädeln, fest zuziehen und den Faden vernähen.

OHREN (2X IN HELLEM LACHS)

Häkle in Rd.

1. Rd: 6 fM in einen Fadenring häkeln (= 6 M).

2. Rd: 2x 1 M zun, 1 Km in die nächste M (= 5 M).

Die letzten beiden M aus Rd 1 bleiben unbehäkelt. Den Faden lang abschneiden und die Ohren über Rd 7–8 am Kopf festnähen.

BEINE (4X IN HELLEM LACHS)

Häkle in Rd. Die Beine nicht mit Füllwatte ausstopfen.

1. Rd: 6 fM in einen Fadenring häkeln (= 6 M).

2.–3. Rd: 6 fM häkeln.

Den Faden lang abschneiden und die Beine am Körper festnähen.

GESICHT FERTIGSTELLEN

Die Augen in Schwarz zwischen Rd 4–5 am Kopf über 2 M hoch aufsticken, dazu 4x einstechen. Das Augenweiß direkt neben den Augen aufsticken und die Augenlider in Schwarz direkt darüber anbringen.

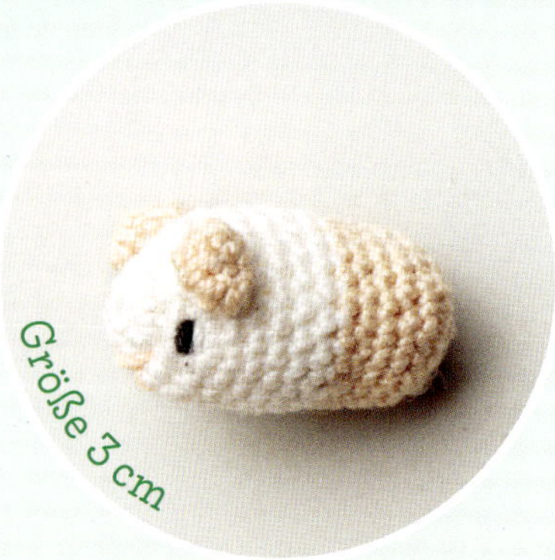

MEERSCHWEINCHEN

Material

- **Gründl Häkelgarn 100 uni (LL 100 g/566 m) in**
  - **Creme (102), Sand (103), Helles Lachs (112), Schwarz (129), je ein Rest**
- **Pony Häkelnadel 0,75 mm**
- **Stumpfe Wollnadel**
- **Füllwatte**

KOPF UND KÖRPER (IN CREME UND SAND)

Häkle in Rd. Kopf und Körper fortlaufend mit Füllwatte ausstopfen. Beginne in Creme.

1. Rd: 6 fM in einen Fadenring häkeln (= 6 M).

2. Rd: 6x 1 M zun (= 12 M).

3. Rd: *1 fM, 1 M zun*, von* bis* noch 5x wdh (= 18 M).

4. Rd: *8 fM, 1 M zun*, von* bis* noch 1x wdh (= 20 M).

5.–9. Rd: 20 fM häkeln.

Fb-Wechsel zu Sand.

10.–14. Rd: 20 fM häkeln.

15. Rd: *3 fM, 1 M abn*, von* bis* noch 3x wdh (= 16 M).

16. Rd: 8x 1 M abn (= 8 M).

Den Faden abschneiden, durch die vorderen M-Glieder der letzten Rd fädeln, fest zuziehen und vernähen.

OHREN (2X IN SAND)

Häkle in Rd. Die Ohren nicht mit Füllwatte ausstopfen.

1. Rd: 6 fM in einen Fadenring häkeln (= 6 M).

2. Rd: 2x 1 M zun, 4 fM (= 8 M).

Den Faden lang abschneiden. Das Ohr mittig falten und die gegenüberliegenden Seiten zusammennähen. Die Ohren anschließend über Rd 5–6 am Kopf festnähen.

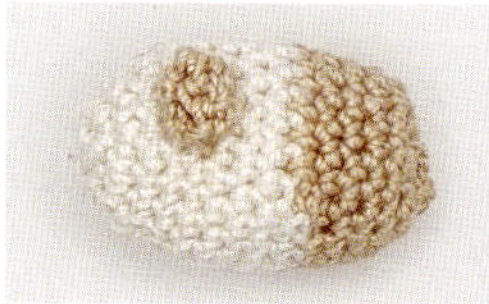

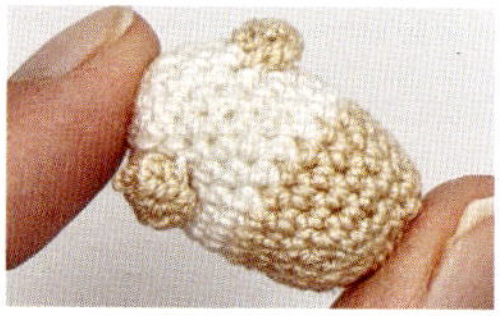

GESICHT FERTIGSTELLEN

Sticke die Augen in Schwarz zwischen Rd 3–4 über 1 fM hoch auf, dazu 4x einstechen. Das Augenweiß direkt neben den Augen aufsticken. Die Nase in Lachs über 2 fM breit zwischen Rd 2–3 aufsticken, dazu 2x einstechen. Darunter noch 1 M nach unten sticken, um die Schnauze fertigzustellen.

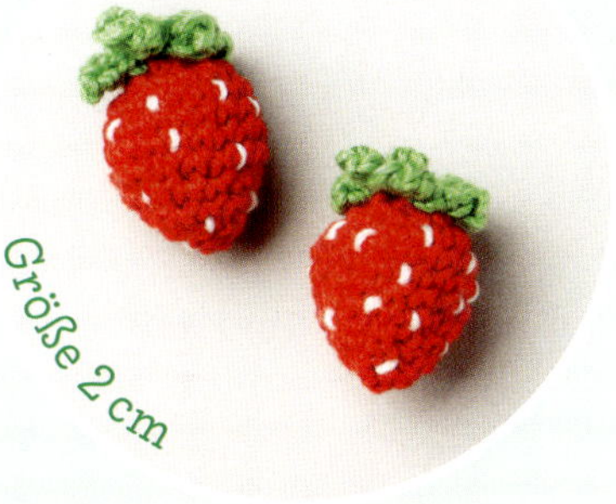

ERDBEERE

Material

- » **WollButt Baumwollgarn Diana (Stärke 5, LL 400 m/100 g) in**
  - » **Rot, Grasgrün und Ecru, je ein Rest**
- » **Pony Häkelnadel 1,0 mm**
- » **Stumpfe Wollnadel**
- » **Füllwatte**

ERDBEERE (IN ROT)

Häkle in Rd. Die Erdbeere fortlaufend mit Füllwatte ausstopfen.

1. Rd: 6 fM in einen Fadenring häkeln (= 6 M).

2. Rd: 6x 1 M zun (= 12 M).

3. Rd: *1 fM, 1 M zun*, von* bis* noch 5x wdh (= 18 M).

4.–5. Rd: 18 fM häkeln.

6. Rd: *7 fM, 1 M abn*, von* bis* noch 1x wdh (= 16 M).

7. Rd: *6 fM, 1 M abn*, von* bis* noch 1x wdh (= 14 M).

8. Rd: *3 fM, 2x 1 M abn*, von* bis* noch 1x wdh (= 10 M).

9. Rd: 10 fM häkeln.

10. Rd: 5x 1 M abn (= 5 M).

Den Faden lang abschneiden, durch die vorderen M-Glieder der letzten Rd fädeln, fest zuziehen und vernähen.

BLÄTTER (IN GRASGRÜN)

Stich die Nd an der ersten Rd der Erdbeere ein und nimm den Faden auf. Fixiere ihn mit 1 Km in der Erdbeere.

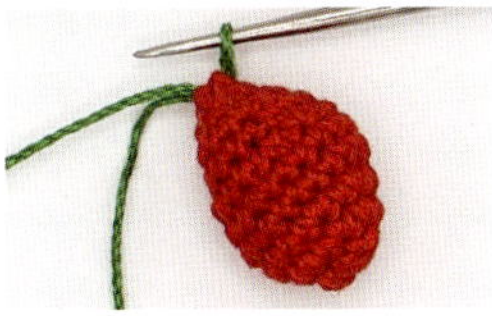

Anschließend 3 Lm häkeln, in die 2. Lm von der Nd aus einstechen und 1x 1 M zun, 1 fM entlang der Lm-Kette.

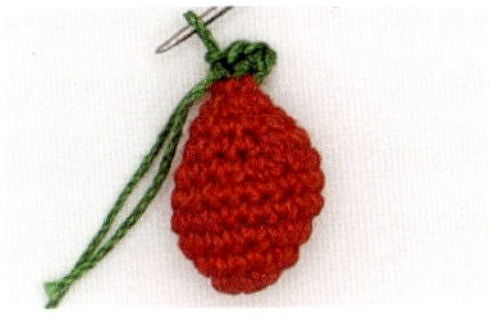

1 Km in die Erdbeere häkeln. Das Ganze noch 4x wdh, um am Ende auf insgesamt 5 Blätter zu kommen.

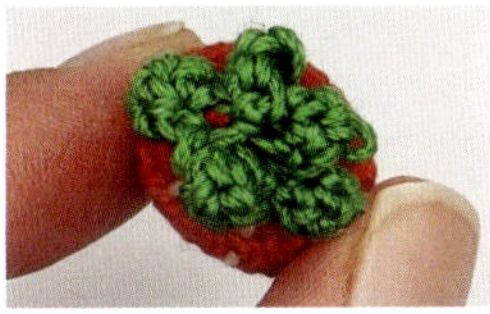

Den Faden abschneiden und vernähen. Die Kerne über 1 fM hoch in Ecru, mithilfe des Rückstichs, aufsticken.

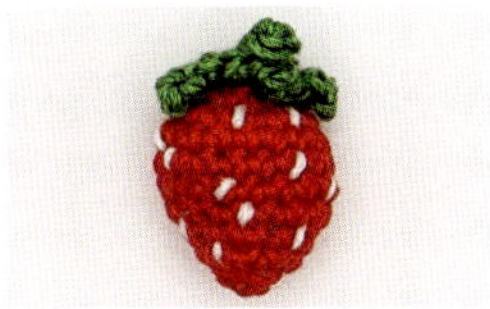

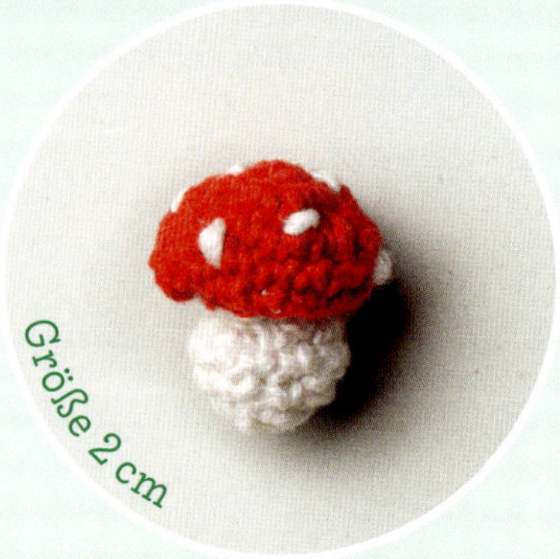

FLIEGENPILZ

Material

- Woll Butt Baumwollgarn Diana (Stärke 5, LL 400 m/100 g) in
  - Rot und Ecru, je ein Rest
- Pony Häkelnadel 1,0 mm
- Stumpfe Wollnadel
- Füllwatte

STIEL (IN ECRU)

Häkle in Rd. Den Stiel fortlaufend mit Füllwatte ausstopfen.

1. Rd: 6 fM in einen Fadenring häkeln (= 6 M).

2. Rd: *1 fM, 1 M zun*, von* bis* noch 2x wdh (= 9 M).

3.–4. Rd: 9 fM häkeln.

5. Rd: *1 fM, 1 M abn*, von* bis* noch 2x wdh (= 6 M).

6. Rd: 6x 1 M zun (= 12 M).

Den Faden abschneiden und vernähen.

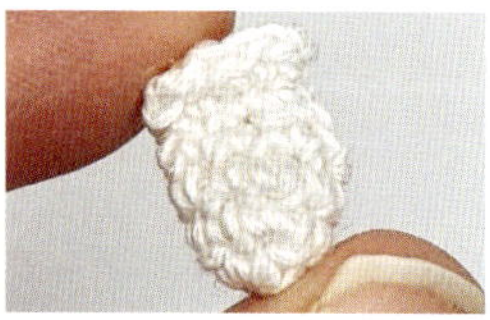

HUT (IN ROT)

Häkle in Rd. Den Hut nur leicht mit Füllwatte ausstopfen.

1. Rd: 6 fM in einen Fadenring häkeln (= 6 M).

2. Rd: 6x 1 M zun (= 12 M).

3. Rd: *1 fM, 1 M zun*, von* bis* noch 5x wdh (= 18 M).

4.–5. Rd: 18 fM häkeln.

6. Rd: *1 fM, 1 M abn*, von* bis* noch 5x wdh (= 12 M).

Den Faden lang abschneiden und den Hut über den Stiel stülpen.

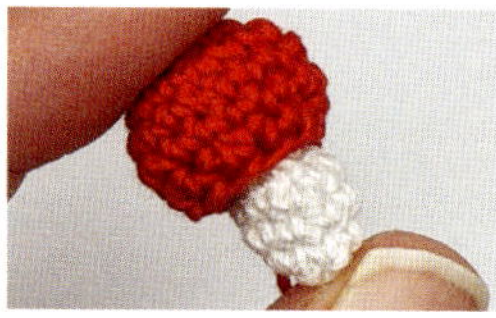

Achtung: Achte darauf, dass der Hut nicht zu fest ausgestopft ist, damit er noch gut über den Stiel gestülpt werden kann. Anschließend den Hut festnähen und die Punkte mithilfe des Knötchenstichs in Ecru aufsticken.

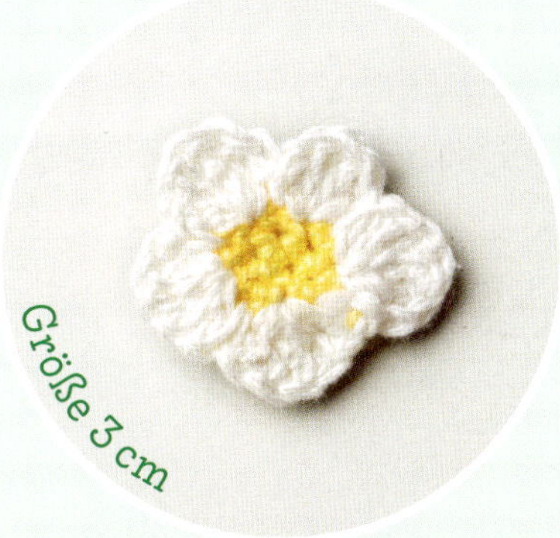

GÄNSEBLÜMCHEN

Material

- » Woll Butt Baumwollgarn Diana (Stärke 5, LL 400 m/100 g) in
  - » Gelb und Ecru, je ein Rest
- » Pony Häkelnadel 0,75 mm
- » Stumpfe Wollnadel

GÄNSEBLÜMCHEN (IN GELB UND ECRU)

Häkle in Rd. Beginne in Gelb.

1. Rd: 5 fM in einen Fadenring häkeln (= 5 M).

2. Rd: 5x 1 M zun (= 10 M).

Fb-Wechsel zu Ecru.

3. Rd: * 5 Stb in eine M, 1 Km *, von * bis * noch 4x wdh (= 30 M).

Den Faden abschneiden und vernähen.

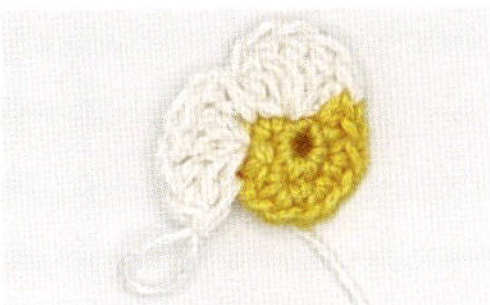

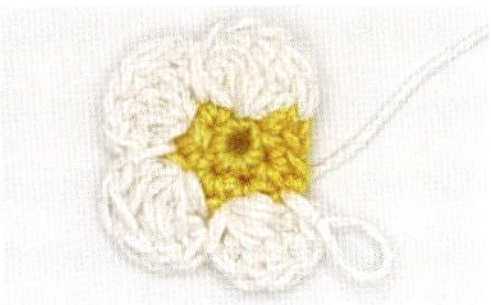

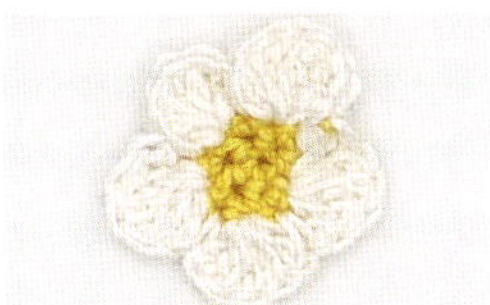

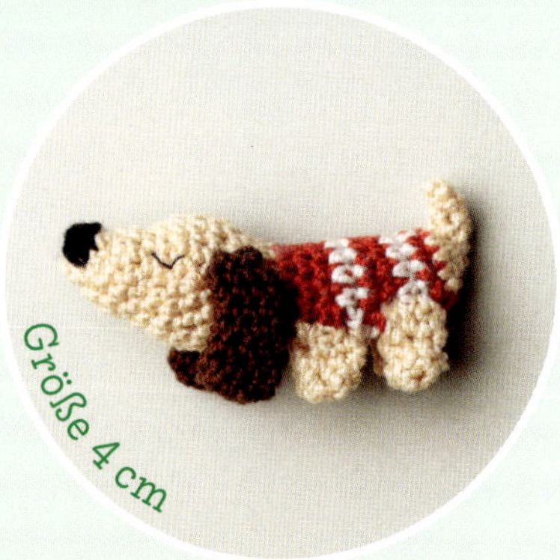

DACKEL

Material

- Gründl Häkelgarn 100 uni (LL 100 g/566 m) in
  - Sand (103), Schokolade (138), Helles Lachs (112), Schwarz (129), Rotbraun (125) und Creme (102), je ein Rest
- Pony Häkelnadel 0,75 mm
- Stumpfe Wollnadel
- Nähgarn in Schwarz
- Füllwatte

KOPF UND KÖRPER (IN ROTBRAUN, CREME UND SAND)

Häkle in Rd. Kopf und Körper fortlaufend mit Füllwatte ausstopfen. Beginne in Sand.

1. Rd: 6 fM in einen Fadenring häkeln (= 6 M).

2. Rd: 6 fM häkeln.

3. Rd: 6x 1 M zun (= 12 M).

4.–5. Rd: 12 fM häkeln.

6. Rd: *1 fM, 1 M zun*, von* bis* noch 5x wdh (= 18 M).

7.–9. Rd: 18 fM häkeln.

10. Rd: 7 fM, 2x 1 M abn, 7 fM (= 16 M).

11. Rd: 6 fM, 2x 1 M abn, 6 fM (= 14 M).

Fb-Wechsel zu Rotbraun.

12.–14. Rd: 14 fM häkeln.

Fb-Wechsel zu Creme.

15. Rd: 14 fM häkeln.

Fb-Wechsel zu Rotbraun.

16.–17. Rd: 14 fM häkeln.

Fb-Wechsel zu Creme.

18. Rd: 14 fM häkeln.

Fb-Wechsel zu Rotbraun.

19. Rd: 14 fM häkeln.

Fb-Wechsel zu Sand.

20. Rd: 14 fM häkeln.

21. Rd: 7x 1 M abn (=7 M).

Den Faden abschneiden, durch die vorderen M-Glieder der letzten Rd fädeln, fest zuziehen und vernähen.

SCHWANZ (IN SAND)

Häkle in Rd. Den Schwanz nicht mit Füllwatte ausstopfen.

Schlage 4 Lm an, stich in die 2. Lm von der Nd aus ein und häkle wie folgt um die Lm-Kette herum:

1. Rd: 1 fM, 1 M zun, 3 fM in eine M, 2 fM (= 8 M).

Mit einer Km beenden, den Faden lang abschneiden und den Schwanz senkrecht falten. Dann die gegenüberliegenden Seiten zusammennähen, den Schwanz am Körper festnähen.

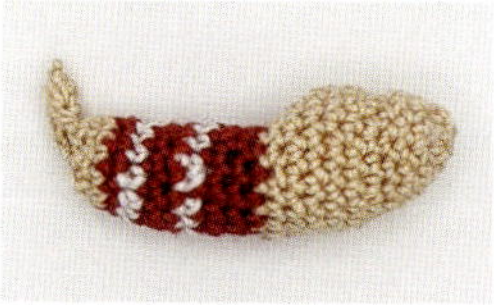

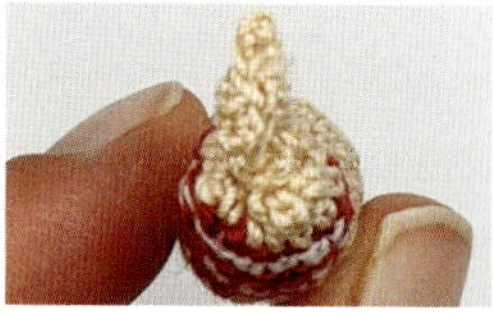

BEINE (4X IN SAND)

Häkle in Rd. Die Beine nicht mit Füllwatte ausstopfen.

1. Rd: 6 fM in einen Fadenring häkeln (= 6 M).

2. -3. Rd: 6 fM häkeln.

Das Ende falten und mit 3 fM zusammenhäkeln. Den Faden lang abschneiden und die Beine am Körper festnähen.

OHREN (2X IN SCHOKOLADE)

Häkle in Rd. Die Ohren nicht mit Füllwatte ausstopfen.

Schlage 4 Lm an, stich in die 2. Lm von der Nd aus ein und häkle wie folgt um die Lm-Kette herum:

1. Rd: 2 fM, 3 fM in eine M, 1 fM, 1 M zun (= 8 M).

2.-4. Rd: 8 fM häkeln.

5. Rd: *2 fM, 1 M abn*, von* bis* noch 1x wdh (= 6 M).

6.-7. Rd: 6 fM häkeln.

Das Ende falten und mit 3 fM zusammenhäkeln. Den Faden lang abschneiden und die Ohren über Rd 9-11 am Kopf festnähen.

GESICHT FERTIGSTELLEN

Die Augen 1 Rd neben den Ohren, mit schwarzem Nähgarn, über 2 fM breit aufsticken und mit einer Schlaufe 1 Rd nach unten ziehen. Die Wangen in Lachs über 1 Rd breit aufsticken, dazu 2x einstechen. Die Nase mit schwarzem Filetgarn über Rd 1 des Kopfes aufsticken, dazu so oft einstechen, bis Rd 1 vollständig bedeckt ist.

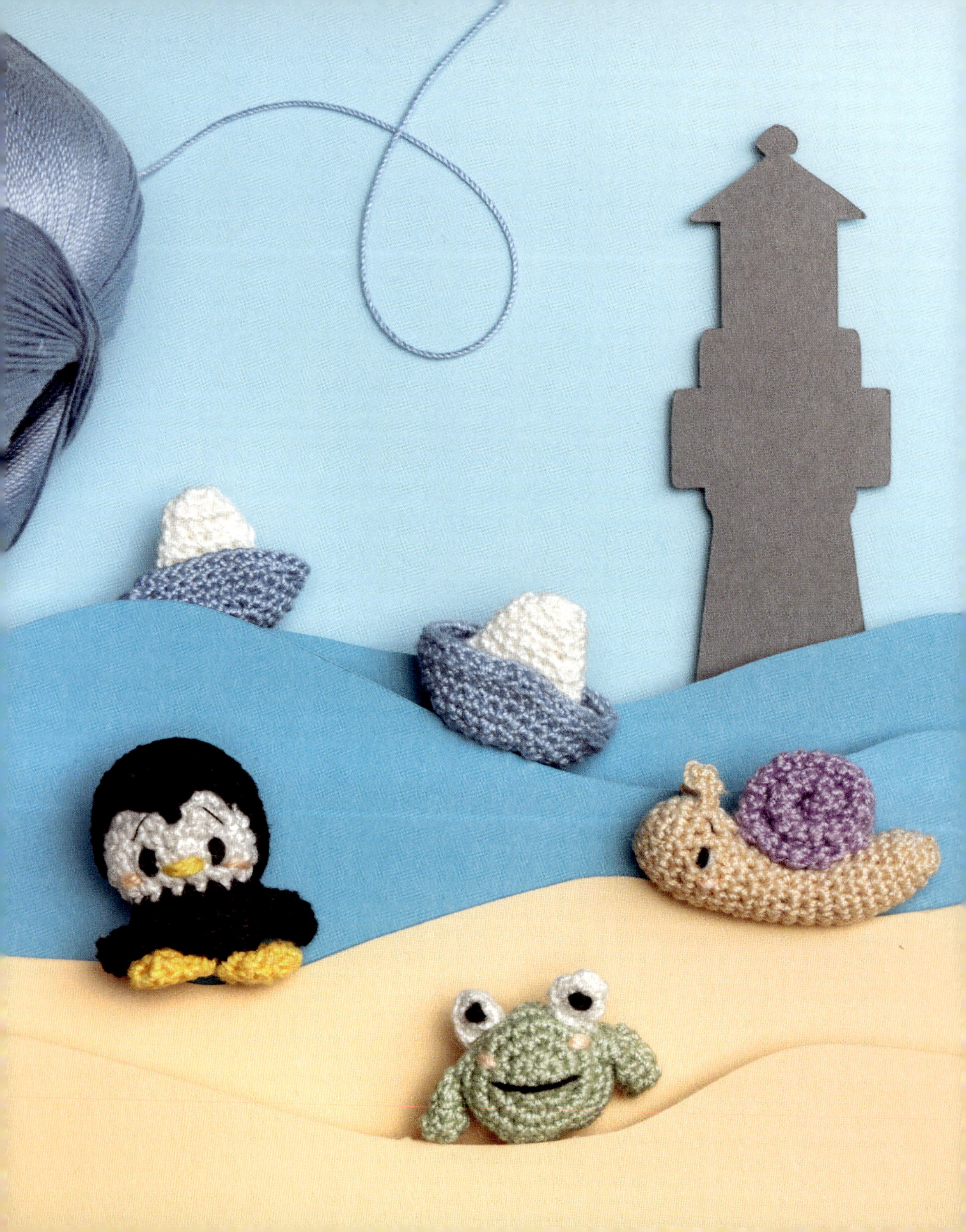

WASSER & MEER

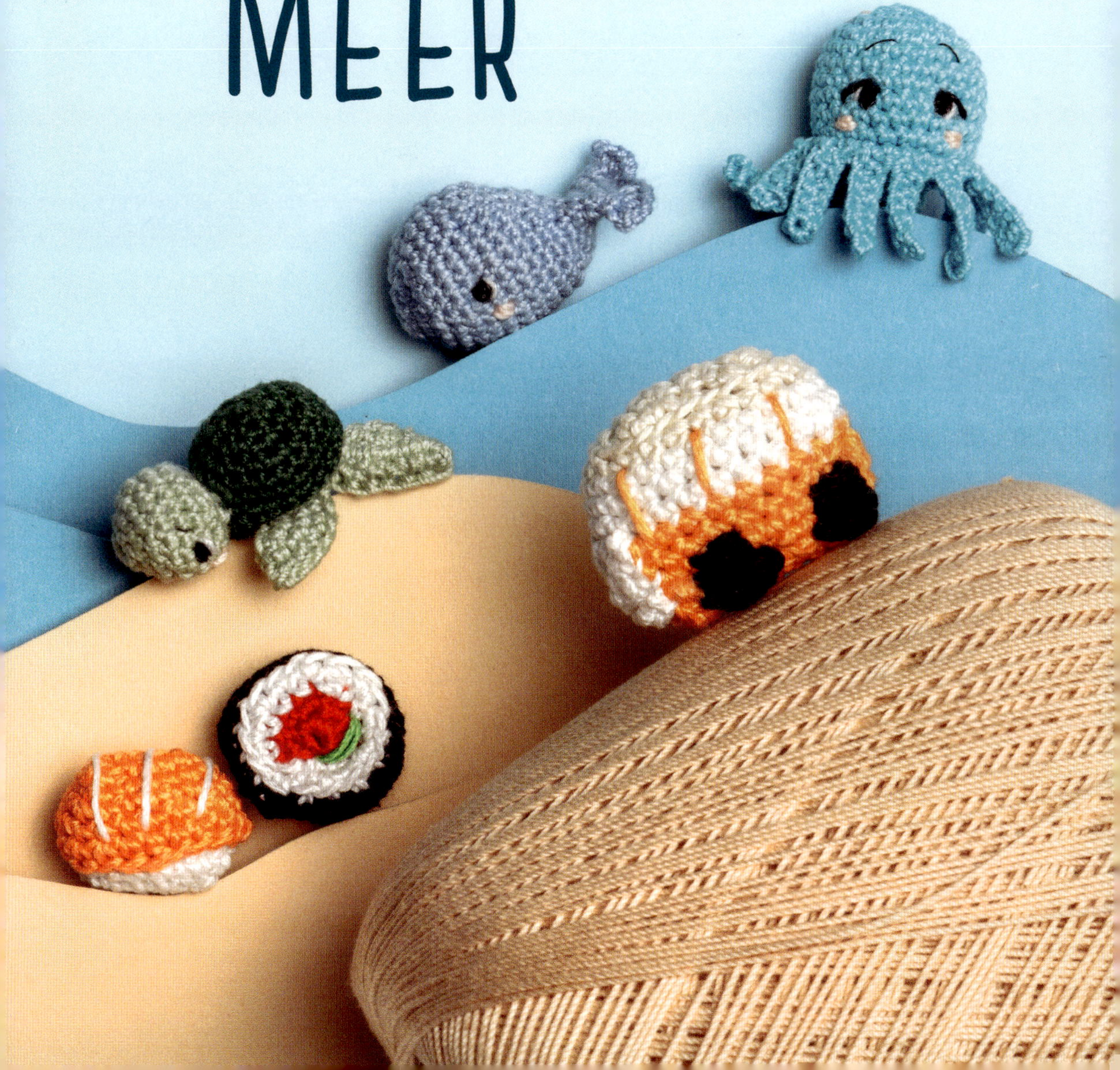

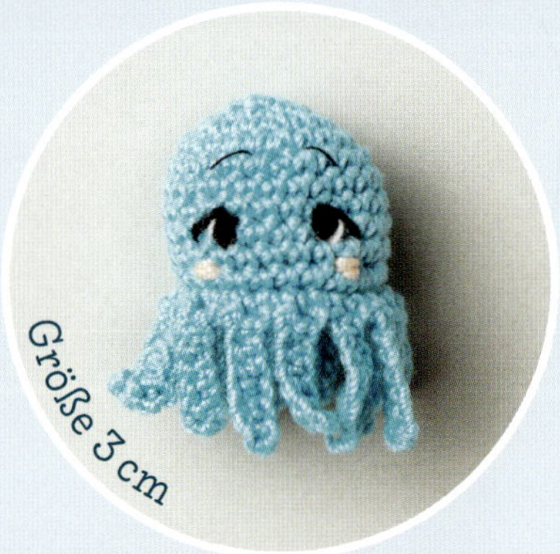

OKTOPUS

Material

- Gründl Häkelgarn 100 uni (LL 100 g/566 m) in
  - Türkis (139) 5 g
  - Helles Lachs (112), Schwarz (129), Creme (102), je ein Rest
- Nähgarn in Schwarz
- Pony Häkelnadel 0,75 mm
- Stumpfe Wollnadel
- Füllwatte

OKTOPUS (IN TÜRKIS)

Häkle in Rd. Den Oktopus fortlaufend mit Füllwatte ausstopfen.

1. Rd: 6 fM in einen Fadenring häkeln (= 6 M).

2. Rd: 6x 1 M zun (= 12 M).

3. Rd: *1 fM, 1 M zun*, von* bis* noch 5x wdh (= 18 M).

4. Rd: *2 fM, 1 M zun*, von* bis* noch 5x wdh (= 24 M).

5.–10. Rd: 24 fM häkeln.

11. Rd: *2 fM ihM, 1 M abn ihM*, von* bis* noch 5x wdh (= 18 M).

12. Rd: *1 fM, 1 M abn*, von* bis* noch 5x wdh (= 12 M).

13. Rd: 6x 1 M abn (= 6 M).

Den Faden abschneiden, durch die vorderen M-Glieder der letzten Rd fädeln, fest zuziehen und vernähen.

ARME (IN TÜRKIS)

Den Faden ivM aus Rd 11 des Körpers wieder aufnehmen. Stich dazu von oben nach unten ein und häkle wie folgt weiter:

1. Rd: *1 fM, 7 Lm, in die 2. Lm von der Nd aus einstechen, 6 fM entlang der Lm-Kette, 1 fM in die nächste M*, von* bis* noch 11x wdh (= 96 M).

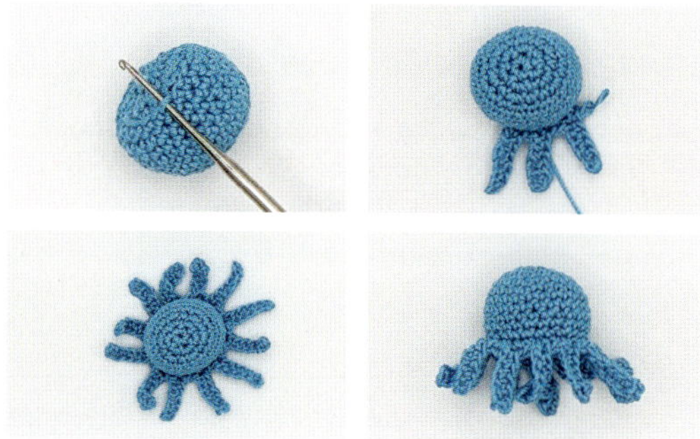

Die Lm aus Rd 1 werden nicht mitgezählt. Am Ende solltest du auf insgesamt zwölf Arme kommen. Den Faden abschneiden und vernähen.

GESICHT FERTIGSTELLEN

Die Augen in Schwarz über Rd 8 mit 3 M Abstand dazwischen aufsticken, dazu 4x einstechen. Das Augenweiß direkt neben den Augen und die Augenlider in Schwarz direkt über den Augen aufsticken. Anschließend die Augenbrauen mit schwarzem Nähgarn 2 Rd über den Augen über 1 Rd hoch und 2 fM breit aufsticken. Die Wangen in Lachs 1 Rd unter den Augen über 1 fM breit aufsticken, dazu 3x einstechen.

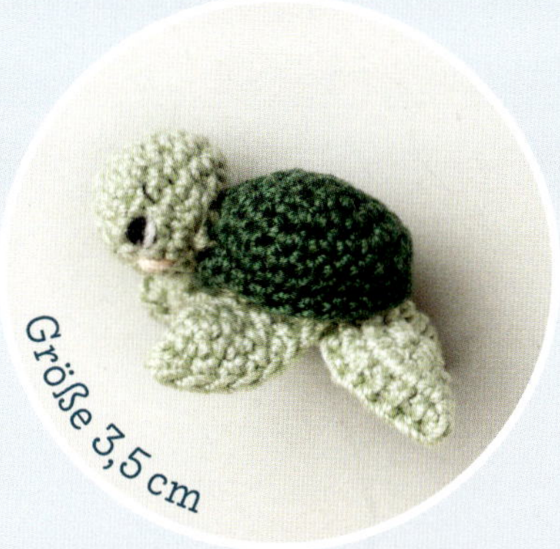

SCHILDKRÖTE

Material

- Gründl Häkelgarn 100 uni (LL100 g/566 m) in
  - Tannengrün (115), Pistazie (123), je 5 g
  - Schwarz (129), Creme (102), Helles Lachs (112), je ein Rest
- Nähgarn in Schwarz
- Pony Häkelnadel 0,75 mm
- Stumpfe Wollnadel
- Füllwatte

PANZER (IN TANNENGRÜN UND PISTAZIE)

Häkle in Rd. Den Panzer fortlaufend mit Füllwatte ausstopfen. Beginne in Tannengrün.

1. Rd: 6 fM in einen Fadenring häkeln (= 6 M).

2. Rd: 6x 1 M zun (=12 M).

3. Rd: *1 fM, 1 M zun*, von* bis* noch 5x wdh (= 18 M).

4. Rd: *2 fM, 1 M zun*, von* bis* noch 5x wdh (= 24 M).

5.–6. Rd: 24 fM häkeln.

Fb-Wechsel zu Pistazie.

7. Rd: *2 fM ihM, 1 M abn ihM*, von* bis* noch 5x wdh (= 18 M).

8. Rd: 18 fM häkeln.

9. Rd: *1 fM, 1 M abn*, von* bis* noch 5x wdh (= 12 M).

10. Rd: 6x 1 M abn (= 6 M).

Den Faden abschneiden, durch die vorderen M-Glieder der letzten Rd fädeln, fest zuziehen und vernähen. Anschließend den Faden ivM aus Rd 7 in Tannengrün wieder aufnehmen, von oben nach unten einstechen und rundherum fM häkeln. Den Faden abschneiden und vernähen.

KOPF (IN PISTAZIE)

Häkle in Rd. Den Kopf fortlaufend mit Füllwatte ausstopfen.

1. Rd: 6 fM in einen Fadenring häkeln (= 6 M).

2. Rd: 6x 1 M zun (=12 M).

3. Rd: *1 fM, 1 M zun*, von* bis* noch 5x wdh (= 18 M).

4.–6. Rd: 18 fM häkeln.

7. Rd: *1 fM, 1 M abn*, von* bis* noch 5x wdh (= 12 M).

8. Rd: 6x 1 M abn (= 6 M).

Den Faden abschneiden, durch die vorderen M-Glieder der letzten Rd fädeln, fest zuziehen und vernähen. Den Kopf am Panzer festnähen.

GESICHT FERTIGSTELLEN

Die Augen in Schwarz zwischen Rd 5–6 über 1 fM sticken, dazu 5x einstechen. Das Augenweiß direkt neben den Augen anbringen. Die Wangen in Lachs über 1 fM direkt unter den Augen aufsticken, dazu 2x einstechen. Die Augenbrauen mit schwarzem Nähgarn 1 Rd über den Augen über 1 Rd hoch und 1 fM breit aufsticken.

FLOSSEN (4X IN PISTAZIE)

Häkle in Rd. Die Flossen nicht mit Füllwatte ausstopfen.

1. Rd: 6 fM in einen Fadenring häkeln (= 6 M).

2. Rd: 6x 1 M zun (=12 M).

3. Rd: *5 fM, 1 M zun*, von * bis* noch 1x wdh (= 14 M).

Das Ende falten und mit 7 fM zusammenhäkeln. Die Flossen unter dem Körper festnähen.

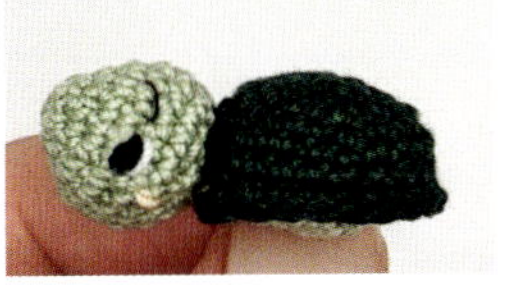

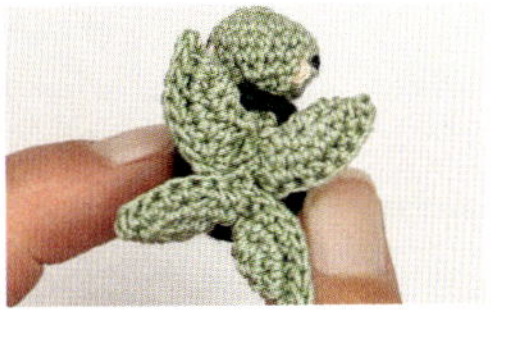

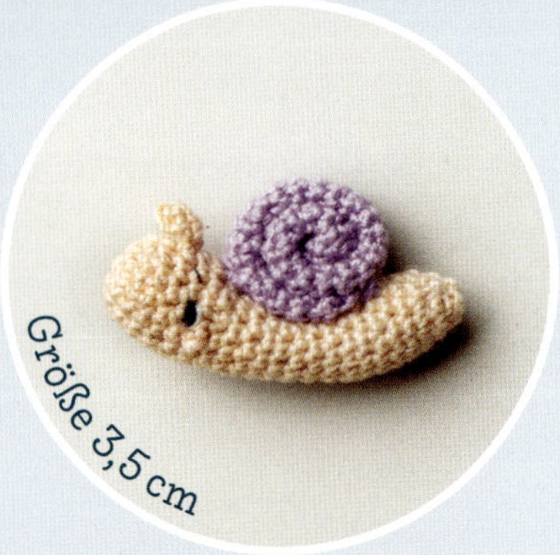

SCHNECKE

Material

- Gründl Häkelgarn 100 uni (LL 100 g/566 m) in
  - Creme (102), Sand (103), Flieder (126), Helles Lachs (112), Schwarz (129), je ein Rest
- Nähgarn in Schwarz
- Pony Häkelnadel 0,75 mm
- Stumpfe Wollnadel
- Füllwatte

KÖRPER (IN SAND)

Häkle in Rd. Den Körper fortlaufend mit Füllwatte ausstopfen.

1. Rd: 6 fM in einen Fadenring häkeln (= 6 M).

2. Rd: 6x 1 M zun (=12 M).

3. Rd: *5 fM, 1 M zun*, von* bis* noch 1x wdh (= 14 M).

4.–7. Rd: 14 fM häkeln.

8. Rd: *5 fM, 1 M abn*, von* bis* noch 1x wdh (= 12 M).

9.–22. Rd: 12 fM häkeln.

23. Rd: 6x 1 M abn (= 6 M).

Den Faden abschneiden, durch die vorderen M-Glieder der letzten Rd fädeln, fest zuziehen und vernähen.

SCHNECKENHAUS (IN FLIEDER)

Das Schneckenhaus nicht mit Füllwatte ausstopfen.

Schlage 6 Lm an, stich in die 2. Lm von der Nd aus ein und häkle wie folgt in Rd um die Lm-Kette herum:

1. Rd: 4 fM, 3 fM in eine M, 3 fM, 1 M zun (= 12 M).

2 – 31. Rd: 12 fM häkeln.

Das Ende falten und mit 6 fM zusammenhäkeln. Den Faden lang abschneiden, das Häkelstück zum Schneckenhaus zusammenrollen und mit ein paar Stichen durch das Haus fixieren.

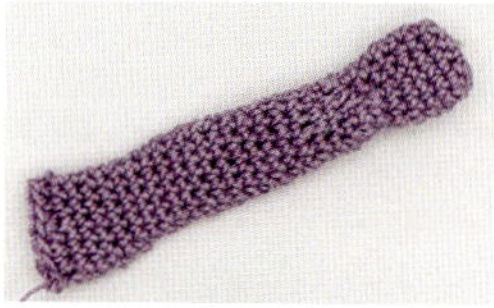

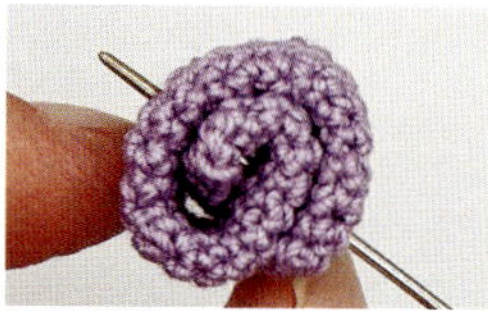

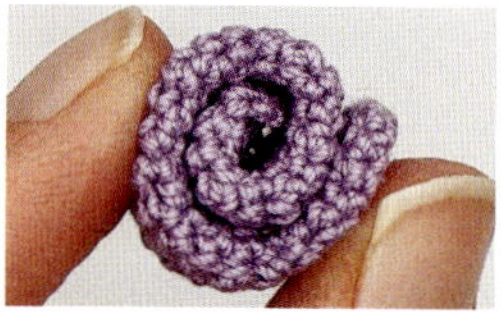

Das Haus auf dem Körper festnähen. Den oberen Teil des Körpers an das Haus drücken und ebenfalls mit ein paar Stichen festnähen.

GESICHT FERTIGSTELLEN

Die Augen in Schwarz zwischen Rd 6–7 über 1 fM hoch aufsticken, dazu 3x einstechen. Das Augenweiß direkt neben den Augen anbringen. Die Augenbrauen mit schwarzem Nähgarn 1 Rd über den Augen über 1 fM hoch und 1 fM breit aufsticken. Die Wangen in Lachs unter den Augen aufsticken, dazu 3x einstechen.

FÜHLER (2X IN SAND)

Den Faden an Rd 5 des Körpers aufnehmen, von vorne nach hinten einstechen und 3 Lm anschl. In die 2. Lm von der Nd aus einstechen und 1 M zun, 1 fM entlang der Lm-Kette. Den Faden abschneiden und vernähen. Für den zweiten Fühler wiederholen.

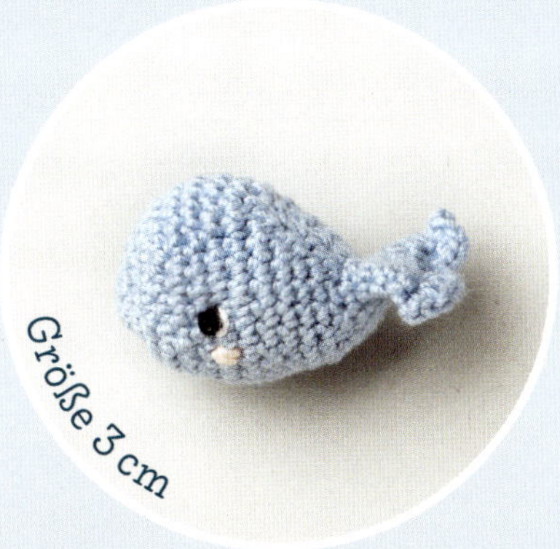

WAL

Material

- Gründl Häkelgarn 100 uni (LL 100 g/566 m) in
  - Jeansblau (121), 5 g
  - Schwarz (129), Creme (102), Helles Lachs (112), je ein Rest
- Pony Häkelnadel 0,75 mm
- Stumpfe Wollnadel
- Füllwatte

WAL (IN JEANSBLAU)

Der Körper wird in Rd, die Flossen in R gehäkelt.

1. Rd: 6 fM in einen Fadenring häkeln (= 6 M).

2. Rd: 6x 1 M zun (=12 M).

3. Rd: *1 fM, 1 M zun*, von* bis* noch 5x wdh (= 18 M).

4. Rd: *2 fM, 1 M zun*, von * bis * noch 5x wdh (= 24 M).

5. Rd: 11 fM, 2x 1 M zun, 11 fM (= 26 M).

6.–9. Rd: 26 fM häkeln.

10. Rd: 11 fM, 2x 1 M abn, 11 fM (= 24 M).

11. Rd: 10 fM, 2x 1 M abn, 10 fM (= 22 M).

12. Rd: 9 fM, 2x 1 M abn, 9 fM (= 20 M).

13. Rd: 8 fM, 2x 1 M abn, 8 fM (= 18 M).

14. Rd: *1 fM, 1 M abn*, von* bis* noch 5x wdh (= 12 M).

15. Rd: 12 fM häkeln.

Den Wal nur bis Rd 15 mit Füllwatte ausstopfen. Der Rd-Anfang sollte nun rechts unten liegen.

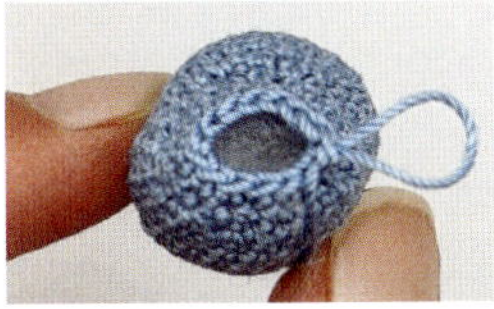

16. Rd: 2x 1 M abn, 3 fM, 2x 1 M zun, 3 fM (= 12 M).

17. Rd: 5 fM, 2x 1 M zun, 5 fM (= 14 M).

Der Rd-Anfang sollte nun auch wieder rechts unten liegen. Das Ende falten, durch beide Seiten der letzten Rd stechen und diese mit 7 fM zusammenhäkeln, 1 Lm und wenden. Weiter in R:

18. R: 3 fM in eine M, 1 M zun, 1 fM, 1 Km, 1 fM, 1 M zun, 3 fM in eine M (= 13 M).

Den Faden abschneiden und vernähen.

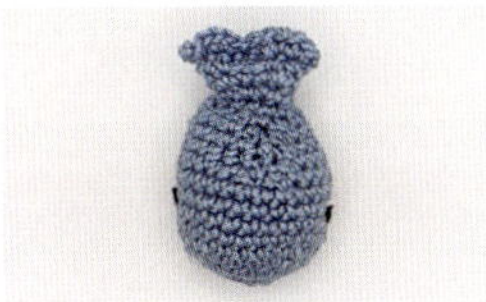

GESICHT FERTIGSTELLEN

Die Augen in Schwarz zwischen Rd 7–8 über 1 fM hoch und mit 12 fM Abstand dazwischen aufsticken, dazu 6x einstechen. Das Augenweiß direkt neben den Augen anbringen. Die Wangen in Lachs über 1 fM breit unter den Augen aufsticken, dazu 2x einstechen.

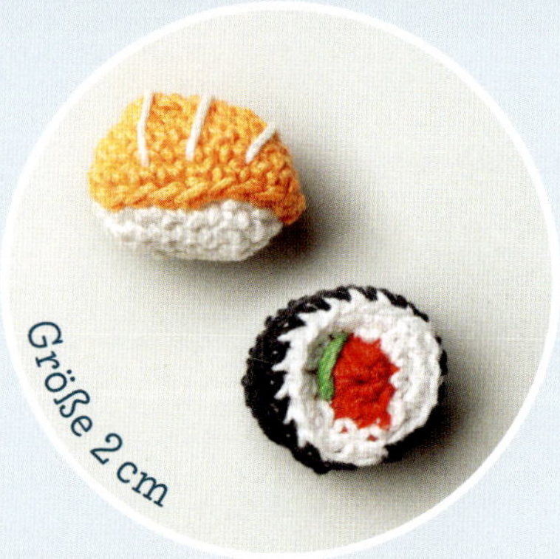

SUSHI

Material

- Woll Butt Baumwollgarn Diana (Stärke 5, LL 400 m/100 g) in
  - Ecru, Rot, Grasgrün, Orange und Schwarz, je ein Rest
- Pony Häkelnadel 1,0 mm
- Stumpfe Wollnadel
- Füllwatte

SUSHIROLLE (IN ECRU, ROT, SCHWARZ UND GRASGRÜN)

Häkle in Rd. Häkle zunächst die erste Hälfte. Beginne in Rot.

ERSTE HÄLFTE

1. Rd: 6 fM in einen Fadenring häkeln (= 6 M).

2. Rd: *1 fM, 1 M zun*, von* bis* noch 2x wdh (= 9 M).

Fb-Wechsel zu Ecru.

3. Rd: *2 fM, 1 M zun*, von* bis* noch 2x wdh (= 12 M).

4. Rd: *1 fM, 1 M zun*, von* bis* noch 5x wdh (= 18 M).

Fb-Wechsel zu Schwarz.

5. Rd: 18 fM ihM häkeln.

6.–7. Rd: 18 fM häkeln.

Abketten, den Faden abschneiden und vernähen. Die erste Hälfte leicht mit Füllwatte ausstopfen.

ZWEITE HÄLFTE

1.–5. Rd: Wdh. Rd 1–5 der ersten Hälfte (= 18 M).

Den Faden lang abschneiden. Die erste und zweite Hälfte zusammennähen, dabei nicht mehr mit Füllwatte nachstopfen. Anschließend die Algen in Grasgrün aufsticken.

LACHSNIGIRI (IN ORANGE UND ECRU)

Häkle in Rd. Nur den unteren Teil des Lachsnigiri mit Füllwatte ausstopfen.

REIS (IN ECRU)

6 Lm anschl, in die 2. Lm einstechen und wie folgt um die Lm-Kette herum häkeln:

1. Rd: 4 fM, 3 fM in eine M, 3 fM, 1 M zun (= 12 M).

2. Rd: *1 M zun, 5 fM*, von* bis* noch 1x wdh (= 14 M).

3. Rd: *1 M zun, 6 fM*, von* bis* noch 1x wdh (= 16 M).

4.–5. Rd: 16 fM häkeln.

Den Faden abschneiden und vernähen.

LACHS (IN ORANGE)

1.–3. Rd: Wdh Rd 1–3 des Unterteils (= 16 M).

4. Rd: *1 M zun, 7 fM *, von* bis* noch 1x wdh (= 18 M).

5. Rd: 18 fM häkeln.

Den Faden lang abschneiden und den Lachs über den Reis legen und festnähen. Die Fettstreifen in Ecru mithilfe des Rückstichs aufsticken.

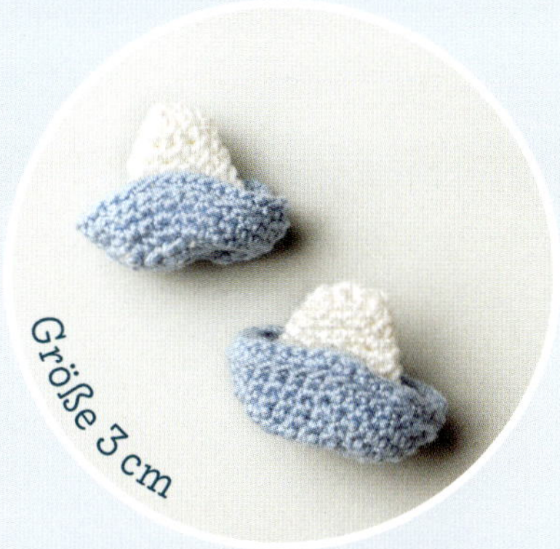

PAPIERBOOT

Material

- Gründl Häkelgarn 100 uni (LL 100 g/566 m) in
  - Jeansblau (121), Creme (102), je ein Rest
- Pony Häkelnadel 0,75 mm
- Stumpfe Wollnadel

BOOT (IN JEANSBLAU)

Häkle in Rd.

1. Rd: 6 fM in einen Fadenring häkeln (= 6 M).

2. Rd: *1 fM, 1 M zun*, von* bis* noch 2x wdh (= 9 M).

3. Rd: 1 fM, 1 M zun, *2 fM, 1 M zun*, von* bis* noch 1x wdh, 1 fM (= 12 M).

4. Rd: *1 M zun, 3 fM*, von* bis* noch 2x wdh (= 15 M).

5. Rd: *1 M zun, 4 fM*, von* bis* noch 2x wdh (= 18 M).

6. Rd: *3x 1 M zun, 6 fM*, von* bis* noch 1x wdh (= 24 M).

7. Rd: *7 fM, 1 M zun*, von* bis* noch 2x wdh (= 27 M).

8. Rd: *8 fM, 1 M zun*, von* bis* noch 2x wdh (= 30 M).

9. Rd: 30 fM häkeln.

10. Rd: *9 fM ihM, 1 M zun ihM*, von* bis* noch 2x wdh (= 33 M).

Abketten, den Faden abschneiden und vernähen.

Die ersten beiden Rd des Bootes anschließend nach innen drücken und mit einem Restfaden fixieren.

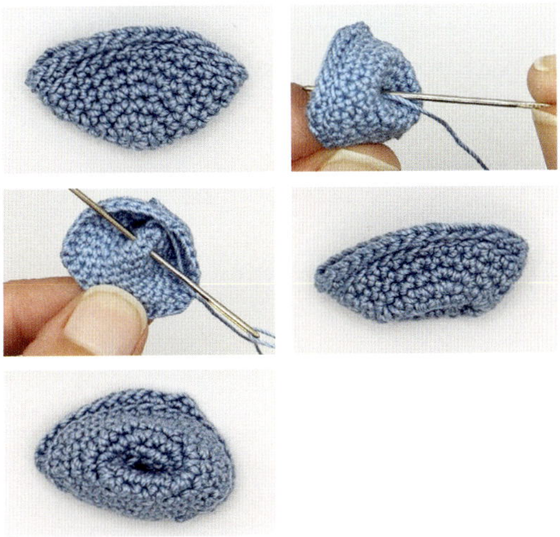

SEGEL (IN CREME)

Häkle in Rd.

1. Rd: 6 fM in einen Fadenring häkeln (= 6 M).

2. Rd: *2 fM, 1 M zun*, von* bis* noch 1x wdh (= 8 M).

3. Rd: 8 fM häkeln.

4. Rd: *3 fM, 1 M zun*, von* bis* noch 1x wdh (= 10 M).

5. Rd: 10 fM häkeln.

6. Rd: *4 fM, 1 M zun*, von* bis* noch 1x wdh (= 12 M).

7. Rd: *5 fM, 1 M zun*, von* bis* noch 1x wdh (= 14 M).

8. Rd: 14 fM häkeln.

9. Rd: *5 fM, 2x 1 M zun*, von* bis* noch 1x wdh (= 18 M).

Das Ende falten und mit 9 fM zusammenhäkeln. Den Faden lang abschneiden und das Segel im Boot festnähen.

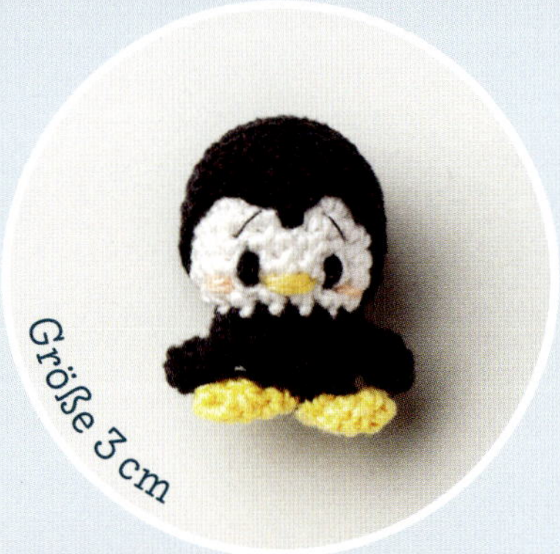

PINGUIN

Material

- Woll Butt Baumwollgarn Diana (Stärke 5, LL 400 m/100 g) in
  - Ecru, Schwarz und Gelb, je ein Rest
- Pony Häkelnadel 1,0 mm
- Restfaden in Rosa
- Stumpfe Wollnadel
- Nähgarn in Schwarz
- Füllwatte

KOPF UND KÖRPER (IN ECRU UND SCHWARZ)

Häkle in Rd. Beginne in Ecru. Kopf und Körper fortlaufend mit Füllwatte ausstopfen.

1. Rd: 6 fM in einen Fadenring häkeln (= 6 M).

2. Rd: 6x 1 M zun (= 12 M).

3. Rd: *1 fM, 1 M zun*, von* bis* noch 5x wdh (= 18 M).

4. Rd: *8 fM, 1 M zun*, von* bis* noch 1x wdh (= 20 M).

5.–8. Rd: 20 fM häkeln.

9. Rd: *8 fM, 1 M abn*, von* bis* noch 1x wdh (= 18 M).

10. Rd: *1 fM, 1 M abn*, von* bis* noch 5x wdh (= 12 M).

Fb-Wechsel zu Schwarz.

11.–15. Rd: 12 fM häkeln.

16. Rd: 6x 1 M abn (= 6 M).

Den Faden abschneiden, durch die vorderen M-Glieder der letzten Rd fädeln, fest zuziehen und vernähen.

KAPPE (IN SCHWARZ)

Häkle in Rd.

1.–4. Rd: Wdh Rd 1–4 von Kopf und Körper (= 20 M).

5. Rd: *9 fM, 1 M zun*, von* bis* noch 1x wdh (= 22 M).

6.–8. Rd: 22 fM häkeln.

9. Rd: 6 fM, 4 Km, 1 fM, 2 hStb in eine M, 1 Lm, 1 fM, 3 Km, 6 fM (= 23 M).

Abketten, den Faden lang abschneiden und die Kappe auf dem Kopf festnähen. Die Spitze liegt dabei vorne mittig.

FLÜGEL (2X IN SCHWARZ)

Häkle in Rd. Die Flügel nicht mit Füllwatte ausstopfen.

1. Rd: 6 fM in einen Fadenring häkeln (= 6 M).

2. Rd: *2 fM, 1 M zun*, von* bis* noch 1x wdh (= 8 M).

3. Rd: 8 fM häkeln.

Das Ende falten und mit 4 fM zusammenhäkeln. Den Faden lang abschneiden und die Flügel festnähen.

FÜSSE (2X IN GELB)

Häkle in Rd. Die Füße nicht mit Füllwatte ausstopfen.

1. Rd: 6 fM in einen Fadenring häkeln (= 6 M).

2.–3. Rd: 6 fM häkeln.

Das Ende falten und mit 3 fM zusammenhäkeln.
Den Faden lang abschneiden und die Füße unter dem Körper festnähen.

GESICHT FERTIGSTELLEN

Sticke die Augen in Schwarz, 2 Rd unter der Kappe über 1 fM hoch und mit 3 fM Abstand dazwischen auf, stich dazu 4x ein. Den Schnabel in Gelb über 1 fM breit zwischen den Augen aufsticken, dazu ca. 3x einstechen. Das Augenweiß in Ecru direkt neben den Augen aufsticken. Die Augenbrauen mit schwarzem

Nähgarn 1 Rd über den Augen über 2 fM breit und 1 Rd hoch anbringen. Ebenso die Wangen mit einem rosa Restfaden direkt neben den Augen über 1 fM breit aufsticken.

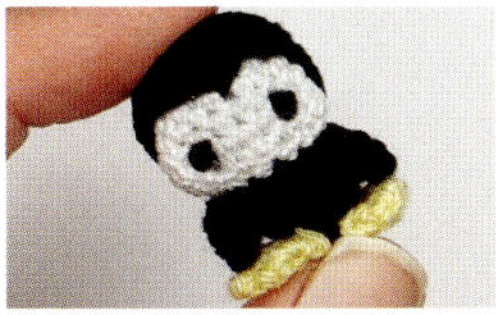

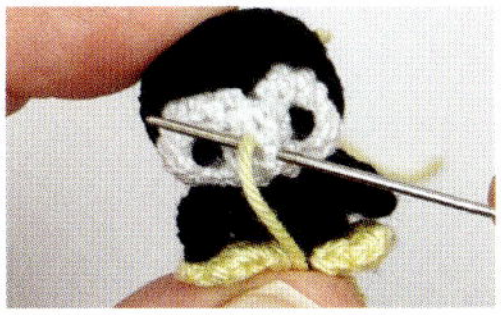

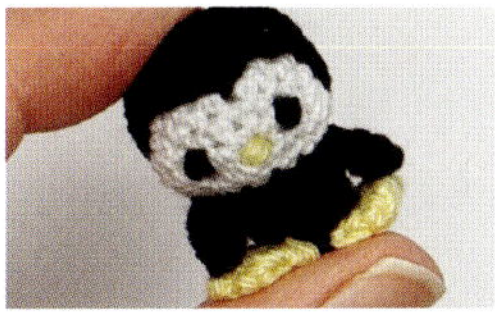

Tipp: Den rosa Restfaden vorher mittig teilen, damit die Wangen später nicht zu dick erscheinen.

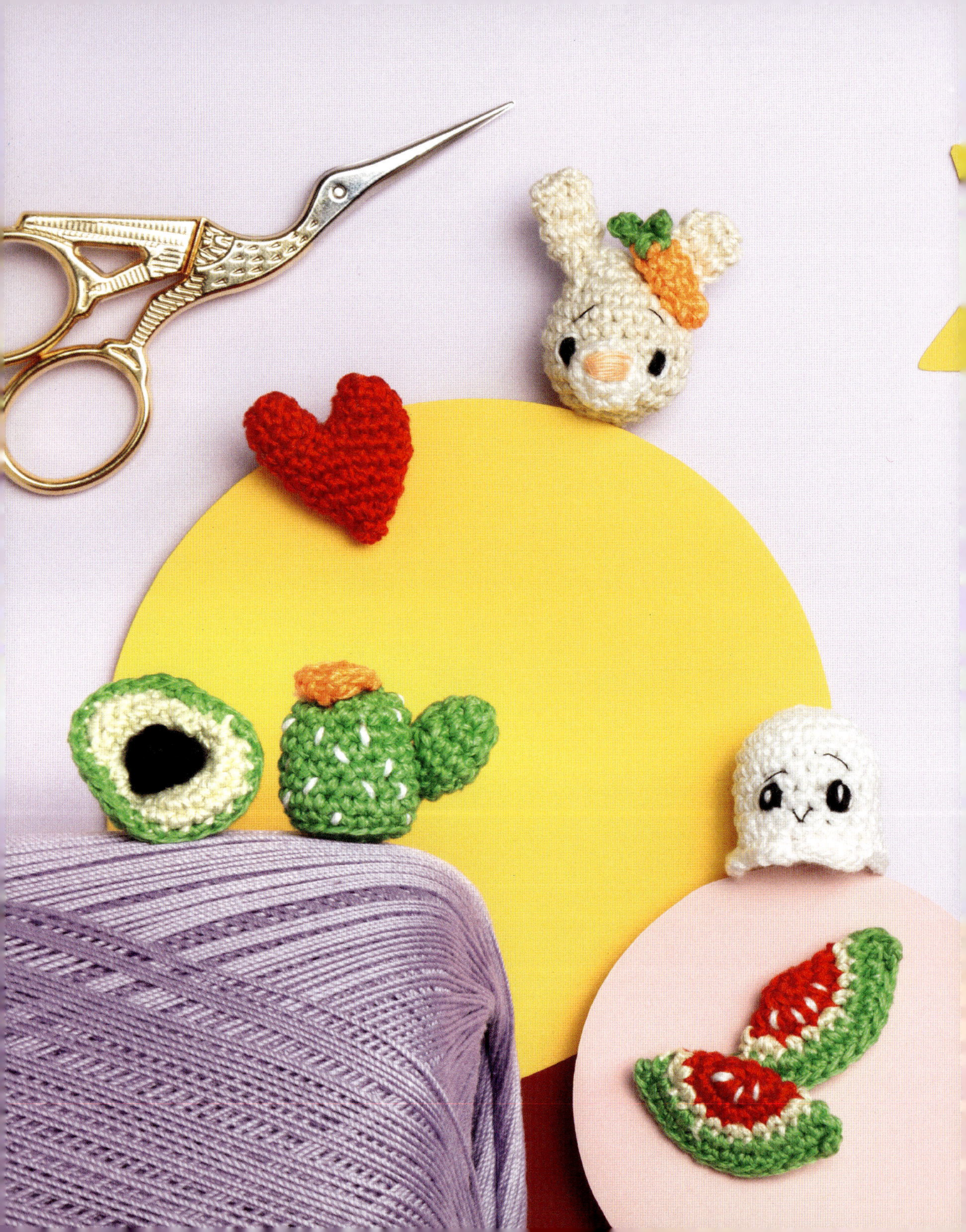

SAISONALES

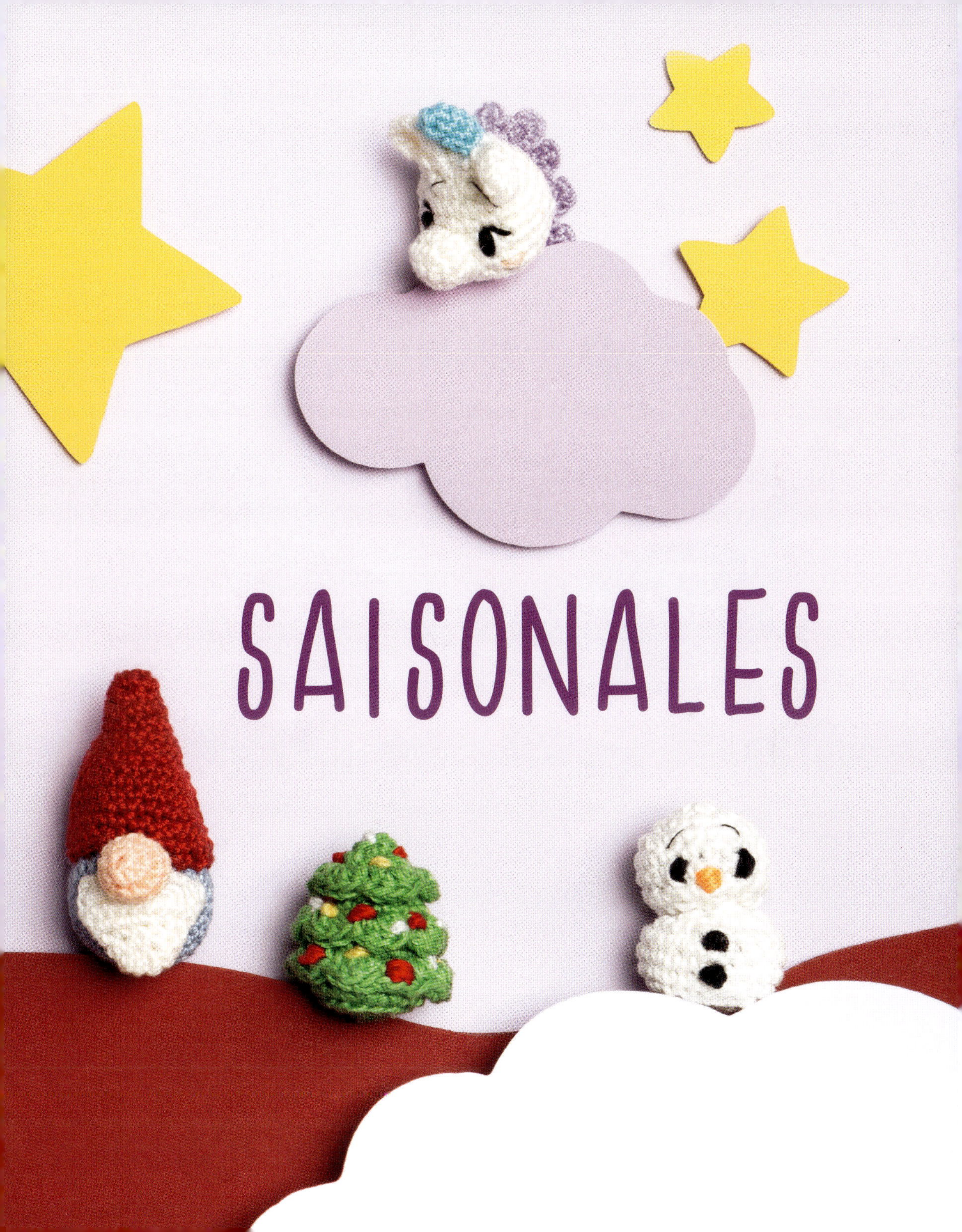

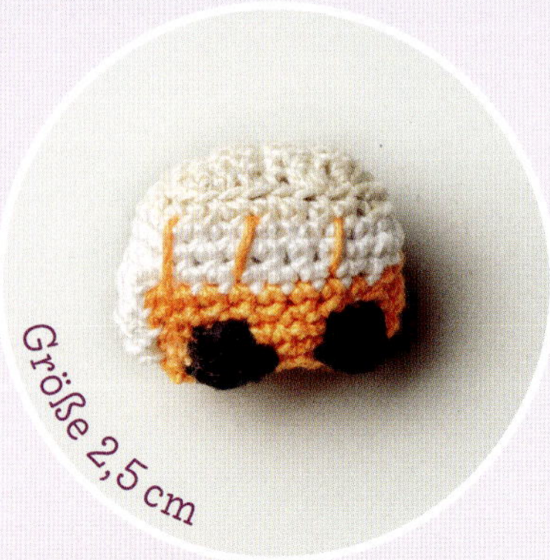

CAMPER

Material

- » Woll Butt Baumwollgarn Diana (Stärke 5, LL 400 m/100 g) in
  - » Orange, Natur, Ecru und Schwarz, je ein Rest
- » Pony Häkelnadel 1,0 mm
- » Stumpfe Wollnadel
- » Füllwatte

DACH UND SEITEN (IN NATUR UND ORANGE)

Beginne in Natur. Den Camper fortlaufend mit Füllwatte ausstopfen.

5 Lm anschl, in die 2. Lm von der Nd aus einstechen und wie folgt in R weiter häkeln:

1.–6. R: 4 fM, 1 Lm und wenden (= 4 M).

Es geht in Rd weiter.

7. Rd: 24 fM rundherum häkeln, dabei je 1 M in den Ecken zun (= 24 M).

8. Rd: 24 fM ihM häkeln.

Fb-Wechsel zu Ecru.

9.–11. Rd: 24 fM häkeln.

Fb-Wechsel zu Orange.

12.–15. Rd: 24 fM häkeln.

Häkle nun noch weiter 4 fM bis zur nächsten Kante. Bei Bedarf hier mehr oder weniger M häkeln, um an der Kante anzukommen.

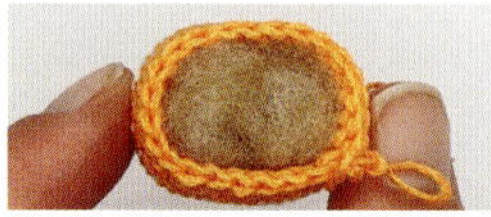

Anschließend eine Lm häkeln und die Arbeit wenden. Nicht abketten, es geht mit dem Boden weiter.

BODEN (IN ORANGE)

Häkle in R. Es wird entlang der langen Seite des Campers gehäkelt.

1.–4. R: 8 fM, 1 Lm und wenden (= 8 M).

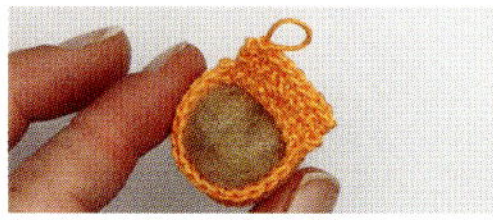

Den Faden lang abschneiden und den Camper mit Füllwatte ausstopfen. Anschließend den Boden an der langen Seite sowie an den kurzen Seiten festnähen.

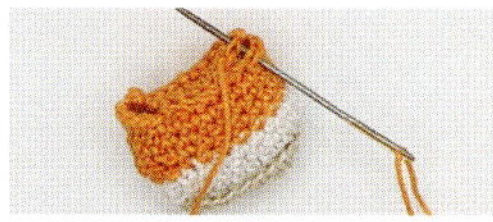

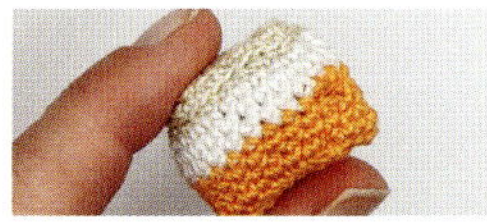

Je drei Fensterrahmen pro Seite in Orange aufsticken.

FRONT (IN ECRU)

3 Lm anschl, in die 2. Lm von der Nd aus einstechen und wie folgt in R weiterhäkeln:

1. R: 2 fM, 1 Lm und wenden (= 2 M).

2. R: 2x 1 M zun, 1 Lm, nicht wenden (= 4 M).

Es geht in Rd weiter. Häkle dazu fM wie folgt um das Häkelstück herum.

3. Rd: *1 M zun, 1 fM entlang der R-Enden*, von* bis* noch 1x wdh, 1 M zun an der Kante (= 8 M).

Den Faden lang abschneiden und mit der geraden Seite nach oben festnähen.

REIFEN (4X IN SCHWARZ)

Häkle in Rd. Die Reifen nicht mit Füllwatte ausstopfen.

1. Rd: 8 fM in einen Fadenring häkeln (= 8 M).

Eine Km in die 1. M häkeln, den Faden lang abschneiden und die Reifen festnähen.

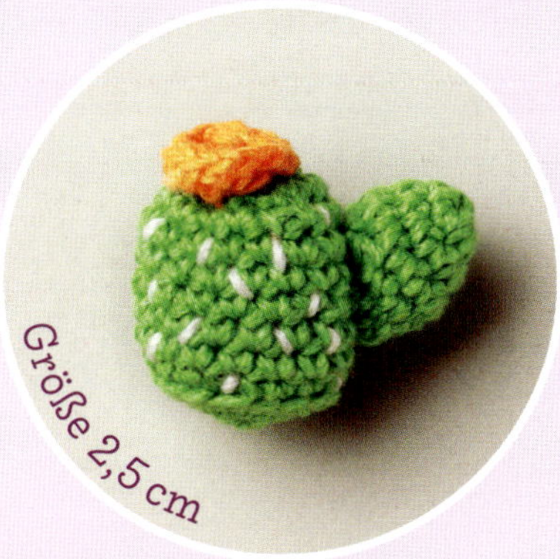

KAKTUS

Material

- Woll Butt Baumwollgarn Diana (Stärke 5, LL 400 m/100 g) in
  - Grasgrün, Orange und Ecru, je ein Rest
- Pony Häkelnadel 1,0 mm
- Stumpfe Wollnadel
- Füllwatte

KAKTUS (IN GRASGRÜN)

Häkle in Rd. Den Kaktus fortlaufend mit Füllwatte ausstopfen.

HAUPTTEIL

1. Rd: 6 fM in einen Fadenring häkeln (= 6 M).

2. Rd: 6x 1 M zun (= 12 M).

3. Rd: *2 fM, 1 M zun*, von* bis* noch 3x wdh (= 16 M).

4. Rd: 16 fM ihM häkeln.

5.–9. Rd: 16 fM häkeln.

10. Rd: *2 fM, 1 M abn*, von* bis* noch 3x wdh (= 12 M).

11. Rd: 6x 1 M abn (= 6 M).

Den Faden abschneiden, durch die vorderen M-Glieder der letzten Rd fädeln, fest zuziehen und vernähen.

SEITENARM

1.–2. Rd: Wdh Rd 1–2 von Teil 1 (= 12 M).

3.–4. Rd: 12 fM häkeln.

5. Rd: *4 fM, 1 M abn*, von * bis * noch 1x wdh (= 10 M).

6. Rd: *3 fM, 1 M abn*, von * bis * noch 1x wdh (= 8 M).

Den Faden lang abschneiden und den Seitenarm an der Seite vom Hauptteil festnähen.

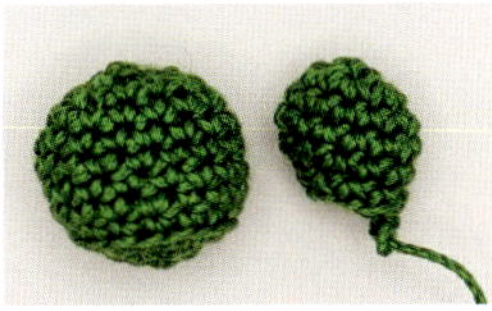

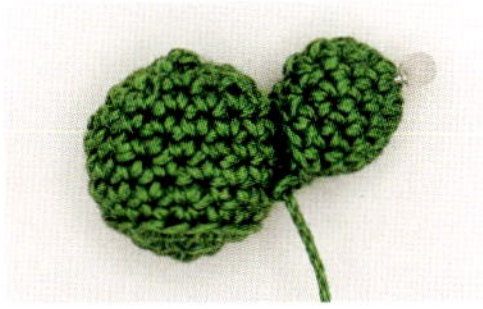

BLÜTE (IN ORANGE)

Häkle in Rd.

1. Rd: 6 fM in einen Fadenring häkeln (= 6 M).

2. Rd: *1 fM, 1 Lm*, von* bis* noch 5x wdh (= 6 M).

Abketten, den Faden lang abschneiden und die Blüte auf dem Kaktus festnähen. Die Stacheln in Ecru über 1 fM hoch aufsticken.

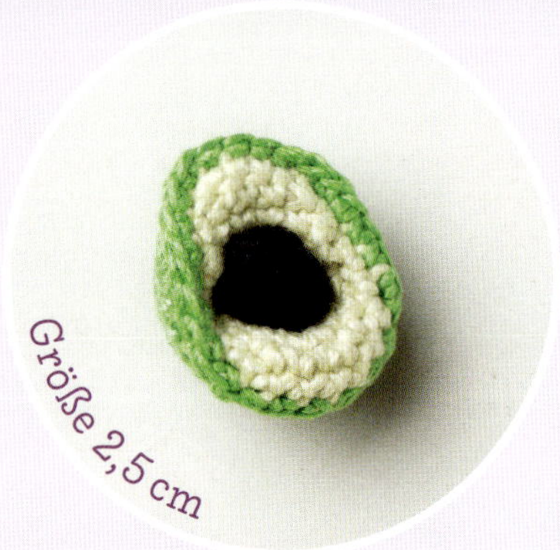

AVOCADO

Material

- Woll Butt Baumwollgarn Diana (Stärke 5, LL 400 m/100 g) in
  - Hellgrün, Grasgrün und Schwarz, je ein Rest
- Pony Häkelnadel 1,0 mm
- Stumpfe Wollnadel
- Füllwatte

Achtung: Die Mulde für den Kern wird später nach innen gedrückt, deshalb sollte die Avocado nur leicht gestopft werden.

AVOCADOHÄLFTE (IN HELLGRÜN UND GRASGRÜN)

Häkle in Rd. Beginne in Hellgrün.

1. Rd: 6 fM in einen Fadenring häkeln (= 6 M).

2. Rd: 6x 1 M zun (= 12 M).

3. Rd: 12 fM häkeln.

4. Rd: 1 M zun, 1 fM, 1 M zun, *1 fM, 1 M zun*, von* bis* noch 3x wdh, 1 fM (= 18 M).

Es geht in R weiter.

5. R: 1 M abn, 4 fM, 1 M abn, 1 Lm und wenden (= 6 M).

6. R: 1 M abn, 2 fM, 1 M abn, 1 Lm und wenden (= 4 M).

7.–8. R: 4 fM, 1 Lm und wenden (= 4 M).

Es geht in Rd weiter. In der folgenden Rd wird die Arbeit einmal mit fM umhäkelt.

9. Rd: 24 fM rundherum häkeln (auch in die R-Enden) (= 24 M).

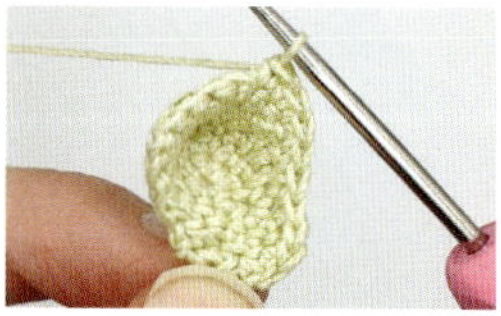

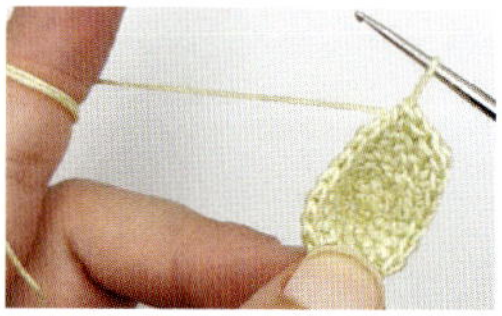

Fb-Wechsel zu Grasgrün.

10. Rd: 24 fM ihM häkeln.

11.–12. Rd: 24 fM häkeln.

13. Rd: *1 fM, 1 M abn*, von* bis* noch 5x wdh (= 18 M).

14. Rd: *1 fM, 1 M abn*, von* bis* noch 5x wdh (= 12 M).

15. Rd: 6x 1 M abn (= 6 M).

Den Faden lang abschneiden, durch die vorderen M-Glieder der letzten Rd fädeln, fest zuziehen und vernähen. Die Mulde in der Mitte der Avocado fest nach innen drücken. Den Faden im vorderen M-Glied aus Rd 10 in Grasgrün wieder aufnehmen. Dazu von oben nach unten einstechen und 24 fM rundherum häkeln.

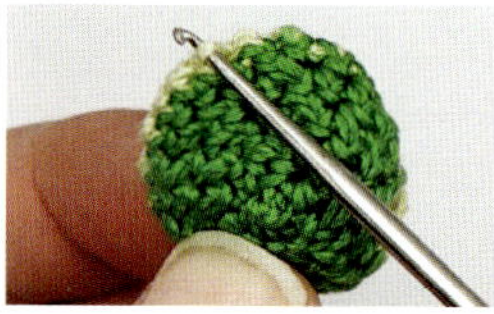

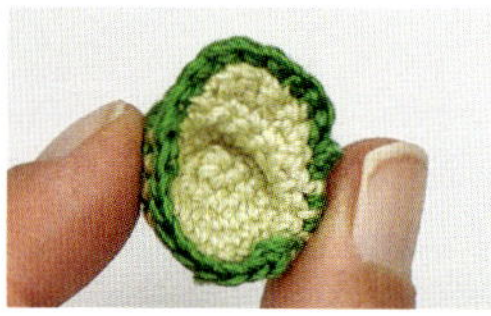

Den Faden abschneiden und vernähen. Den Rand nach unten klappen.

KERN (IN SCHWARZ)

Häkle in Rd. Den Kern nicht mit Füllwatte ausstopfen.

1. Rd: 6 fM in einen Fadenring häkeln (= 6 M).

2. Rd: *1fM, 1 M zun*, von* bis* noch 2x wdh (= 9 M).

3. Rd: 9 fM häkeln.

4. Rd: *1 fM, 1 M abn*, von* bis* noch 2x wdh (= 6 M).

Den Faden lang abschneiden, durch die vorderen M-Glieder der letzten Rd fädeln, fest zuziehen und den Kern in der Mulde festnähen.

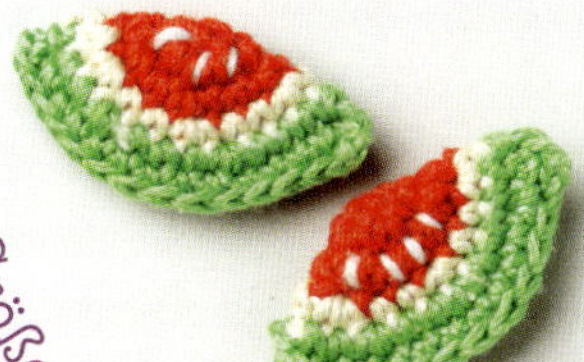

MELONE

Material

- Woll Butt Baumwollgarn Diana (Stärke 5, LL 400 m/100 g) in
  - Rot, Grasgrün, Hellgrün und Ecru, je ein Rest
- Pony Häkelnadel 1,0 mm
- Stumpfe Wollnadel

MELONE (IN GRASGRÜN, HELLGRÜN, ROT)

Häkle in Rd. Beginne in Rot.

1. Rd: 6 fM in einen Fadenring häkeln (= 6 M).

2. Rd: 6x 1 M zun (= 12 M).

3. Rd: *1 fM, 1 M zun*, von* bis* noch 5x wdh (= 18 M).

Fb-Wechsel zu Hellgrün.

4. Rd: *2 fM, 1 M zun*, von* bis* noch 5x wdh (= 24 M).

Fb-Wechsel zu Grasgrün.

5. Rd: *3 fM, 1 M zun*, von* bis* noch 5x wdh (= 30 M).

Falte das Häkelstück mittig, stich durch beide Schichten hindurch und häkle es mit 15 fM zusammen. Den Faden abschneiden und vernähen. Die Kerne in Ecru aufsticken.

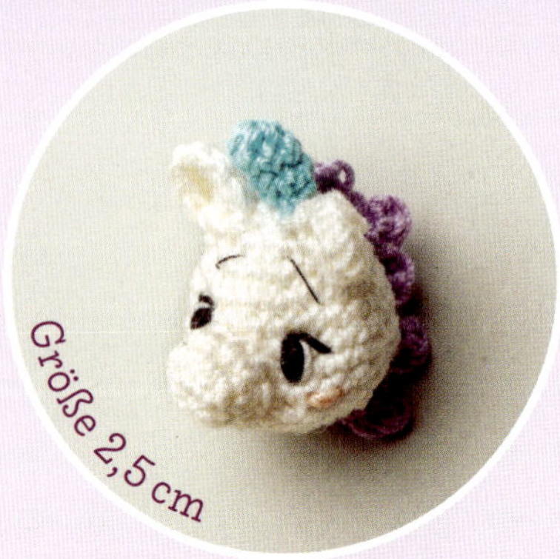

EINHORN

Material

- Gründl Häkelgarn 100 uni (LL 100 g/566 m) in
  - Creme (102), Schwarz (129), Helles Lachs (112), Türkis (139), Flieder (126), je ein Rest
- Pony Häkelnadel 0,75 mm
- Nähgarn in Schwarz
- Stumpfe Wollnadel
- Füllwatte

KOPF (IN CREME)

Folge dazu der Anleitung des Kopfs für den Osterhasen auf S. 54.

SCHNAUZE (IN CREME)

Häkle in Rd. Die Schnauze nur leicht mit Füllwatte ausstopfen.

1. Rd: 8 fM in einen Fadenring häkeln (= 8 M).

2. Rd: *3 fM, 1 M zun*, von* bis* noch 1x wdh (= 10 M).

3. Rd: 10 fM häkeln.

Abketten, den Faden lang abschneiden und die Schnauze über Rd 7–9 am Kopf festnähen.

OHREN (2X IN CREME)

Häkle in Rd. Schlage 4 Lm an, stich in die 2. Lm von der Nd aus ein und häkle wie folgt um die Lm-Kette herum:

1. Rd: 2 fM, 3 fM in eine M, 1 fM, 1 M zun (= 8 M).

2. Rd: *1 M zun, 3 fM*, von* bis* noch 2x wdh (= 10 M).

Das Ende falten und zwei der gegenüberliegenden M mit 1 fM zusammenhäkeln. Den Faden lang abschneiden und die Ohren über Rd 3–4 am Kopf festnähen.

GESICHT FERTIGSTELLEN

Die Augen in Schwarz über 2 Rd hoch direkt neben der Schnauze aufsticken, dazu 4x einstechen. Direkt daneben das Augenweiß anbringen und ie Augenlider in Schwarz direkt über den Augen aufsticken. Die Augenbrauen mit schwarzem Nähgarn 1 Rd über den Augen über 1 Rd hoch und 2 M breit aufsticken. Die Wangen in Lachs über 1 M breit unter den Augen aufsticken, dazu 3x einstechen.

HORN (IN TÜRKIS)

Häkle in Rd. Das Horn nicht mit Füllwatte ausstopfen.

1. Rd: 6 fM in einen Fadenring häkeln (= 6 M).

2.–3. Rd: 6 fM häkeln.

Abketten, den Faden lang abschneiden und das Horn zwischen den Ohren festnähen.

MÄHNE (IN FLIEDER)

Schlage 11 Lm an, stich in die 2. Lm von der Nd aus ein und häkle wie folgt:

1. R: *1 fM, 2 Lm, in die 2. Lm von der Nd aus einstechen, 1 M zun, 1 Km in die nächste Lm*, von* bis* noch 4x wdh.

Am Ende der 1. R sollten alle Lm bedeckt sein. Den Faden lang abschneiden und die Mähne am Hinterkopf festnähen.

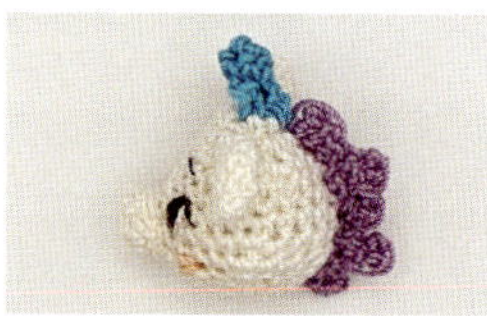

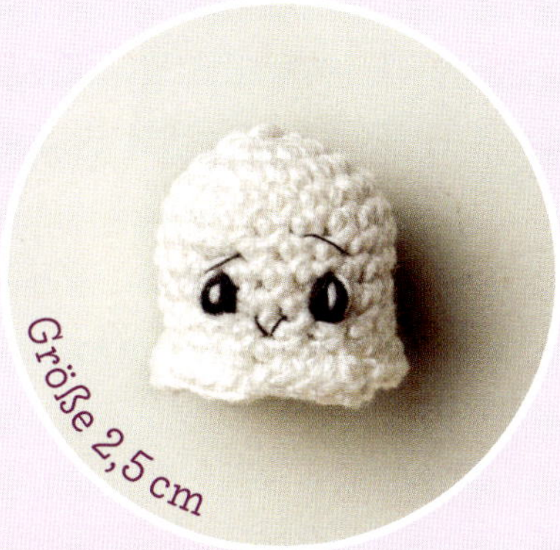

GEIST

Material

- Woll Butt Baumwollgarn Diana (Stärke 5, LL 400 m/100 g) in
  - Ecru und Schwarz, je ein Rest
- Pony Häkelnadel 1,0 mm
- Stumpfe Wollnadel
- Nähgarn in Schwarz
- Füllwatte

GEIST (IN ECRU)

Häkle in Rd. Den Geist fortlaufend mit Füllwatte ausstopfen.

1. Rd: 6 fM in einen Fadenring häkeln (= 6 M).

2. Rd: 6x 1 M zun (= 12 M).

3. Rd: *1 fM, 1 M zun*, von* bis* noch 5x wdh (= 18 M).

4.–8. Rd: 18 fM häkeln.

9. Rd: 18 fM ihM häkeln.

10. Rd: 18 fM häkeln.

11. Rd: *1 fM, 1 M abn*, von* bis* noch 5x wdh (= 12 M).

12. Rd: 6x 1 M abn (= 6 M).

Den Faden abschneiden, durch die vorderen M-Glieder der letzten Rd fädeln, fest zuziehen und vernähen.

WELLENRAND

Den Faden im vorderen M-Glied aus Rd 9 in Ecru aufnehmen, von oben nach unten einstechen (Rd 1 zeigt zu dir), wie folgt weiter häkeln:

1.–2. Rd: 18 fM häkeln.

3. Rd: *3 fM in eine M, 1 Km, 1 fM*, von* bis* noch 5x wdh (= 30 M).

Abketten, den Faden abschneiden und vernähen.

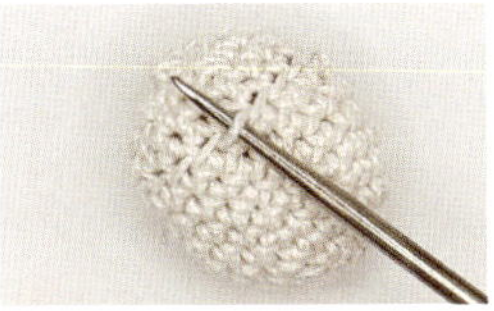

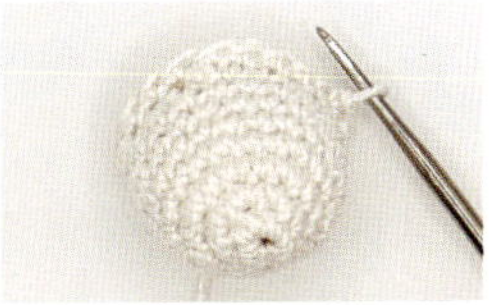

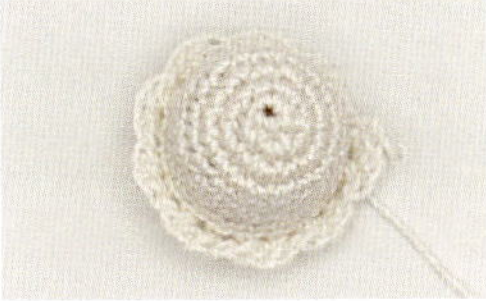

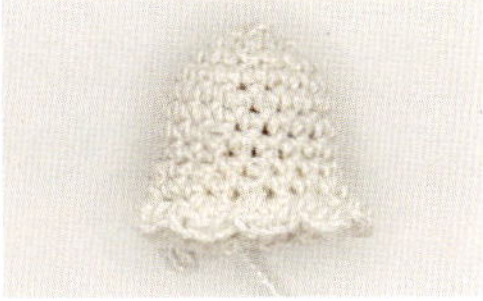

GESICHT FERTIGSTELLEN

Die Augen in Schwarz über Rd 8 mit 3 fM Abstand dazwischen aufsticken, dazu 6x einstechen. Das Augenweiß in Ecru direkt neben den Augen aufsticken und den Lichtreflex mittig an den Augen mit einem Stich anbringen. Mit schwarzem Nähgarn den Mund über 1 fM hoch und breit direkt unter den Augen aufsticken. Die erste Augenbraue ebenso mit dem Nähgarn direkt über dem Auge über 1 Rd hoch und 2 fM breit aufsticken. Die zweite Augenbraue genauso sticken, jedoch 1 Rd über den Augen.

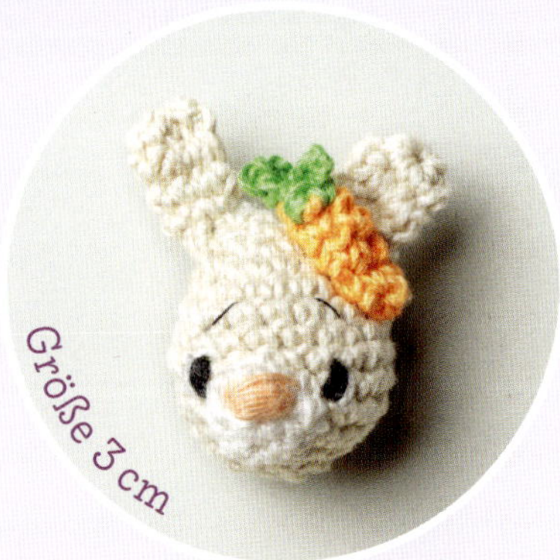

OSTERHASE

Material

- Woll Butt Baumwollgarn Diana (Stärke 5, LL 400 m/100 g) in
  - Natur, Ecru, Schwarz, Grasgrün und Orange, je ein Rest
- Pony Häkelnadel 1,0 mm
- Restfaden in Rosa
- Stumpfe Wollnadel
- Nähgarn in Schwarz
- Füllwatte

KOPF (IN NATUR)

Häkle in Rd. Den Kopf fortlaufend mit Füllwatte ausstopfen.

1. Rd: 6 fM in einen Fadenring häkeln (= 6 M).

2. Rd: 6x 1 M zun (= 12 M).

3. Rd: *1 fM, 1 M zun*, von* bis* noch 5x wdh (= 18 M).

4. Rd: *7 fM, 2x 1 M zun*, von* bis* noch 1x wdh (= 22 M).

5.–9. Rd: 22 fM häkeln.

10. Rd: *7 fM, 2x 1 M abn*, von* bis* noch 1x wdh (= 18 M).

11. Rd: *1 fM, 1 M abn*, von* bis* noch 5x wdh (= 12 M).

12. Rd: 6x 1 M abn (= 6 M).

Den Faden abschneiden, durch die vorderen M-Glieder der letzten Rd fädeln, fest zuziehen und vernähen.

SCHNAUZE (IN ECRU)

Häkle in Rd. Die Schnauze nur leicht mit Füllwatte ausstopfen.

1. Rd: 8 fM in einen Fadenring häkeln (= 8 M).

2. Rd: 8 fM häkeln.

Den Faden lang abschneiden und die Schnauze über Rd 7–10 auf dem Kopf festnähen.

GESICHT FERTIGSTELLEN

Die Augen in Schwarz neben der Schnauze über 1 fM sticken, dazu 3x einstechen. Das Augenweiß in Ecru direkt neben den Augen aufsticken. Einen Restfaden in Rosa mittig teilen und die Nase über Rd 2 der Schnauze, mit 2 fM Breite, aufsticken, dazu 6x einstechen.

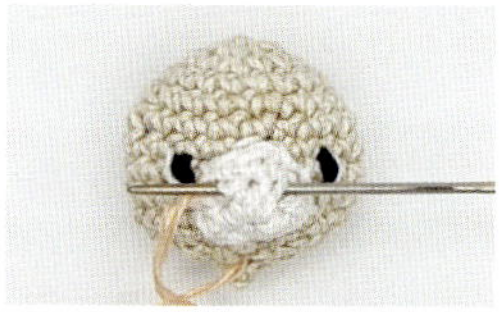

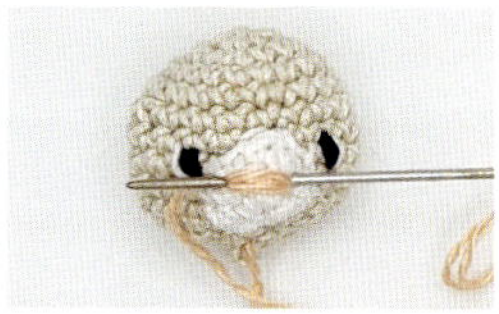

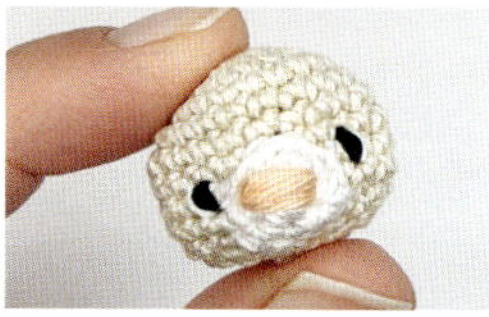

Die Augenbrauen mit schwarzem Nähgarn 1 Rd über den Augen über 1 Rd hoch und 2 fM breit aufsticken.

OHREN (2X IN ECRU)

Häkle in Rd. Die Ohren nicht mit Füllwatte ausstopfen.

1. Rd: 8 fM in einen Fadenring häkeln (= 8 M).

2.–4. Rd: 8 fM häkeln.

Den Faden lang abschneiden, das Ende falten und die gegenüberliegenden Kanten mit zwei Stichen zusammennähen. Die Ohren über Rd 2–3 auf dem Kopf festnähen.

KAROTTE (IN ORANGE UND GRASGRÜN)

Häkle in Rd. Die Karotte nicht mit Füllwatte ausstopfen.

1. Rd: 4 fM in einen Fadenring häkeln (= 4 M).

2.–5. Rd: 4 fM häkeln.

Den Faden abschneiden, durch die vorderen M-Glieder der letzten Rd fädeln, fest zuziehen und vernähen. Dann den Faden an der letzten Rd der Karotte in Grasgrün aufnehmen und mit 1 Km fixieren. Anschließend 3 Lm häkeln, in die 2. Lm von der Nd aus einstechen und 2 fM entlang der Lm-Kette, 1 Km in die Karotte. Das Ganze noch einmal wiederholen. Den Faden abschneiden und vernähen. Die Karotte mit einem Faden in Orange auf dem Kopf festnähen.

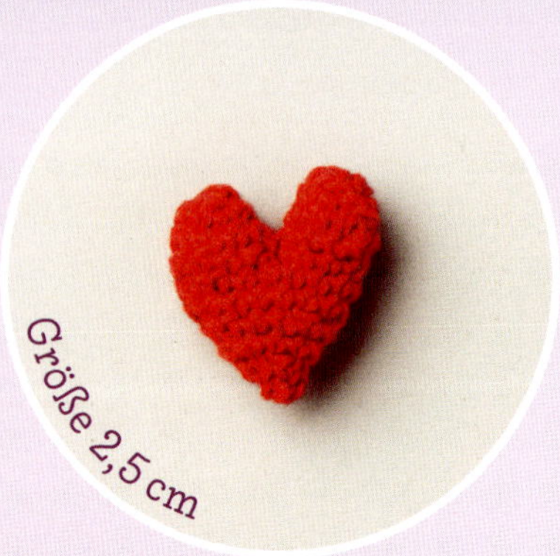

HERZ

Material

- Woll Butt Baumwollgarn Diana (Stärke 5, LL 400 m/100 g) in
  - Rot, ein Rest
- Pony Häkelnadel 1,0 mm
- Stumpfe Wollnadel
- Füllwatte

HERZBÖGEN (2X IN ROT)

Häkle in Rd.

1. Rd: 6 fM in einen Fadenring häkeln (= 6 M).

2. Rd: *1 fM, 1 M zun*, von* bis* noch 2x wdh (= 9 M).

3. Rd: 9 fM häkeln.

Den Faden abschneiden und vernähen. Einen zweiten Bogen häkeln, jedoch nicht abketten. Beide Teile leicht mit Füllwatte ausstopfen. Es geht weiter mit dem unteren Teil.

UNTERTEIL HERZ (IN ROT)

Häkle in Rd. Das Herz fortlaufend mit Füllwatte ausstopfen.

Stich in den ersten Herzbogen ein und häkle wie folgt weiter:

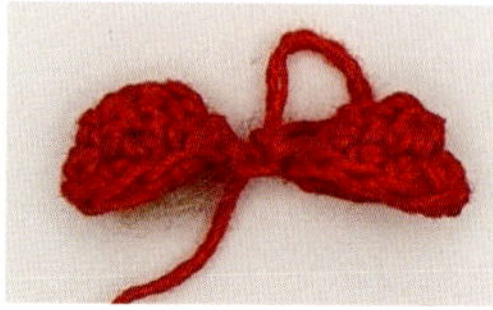

1. Rd: 9 fM um Bogen 1, 9 fM um Bogen 2 (= 18 M).

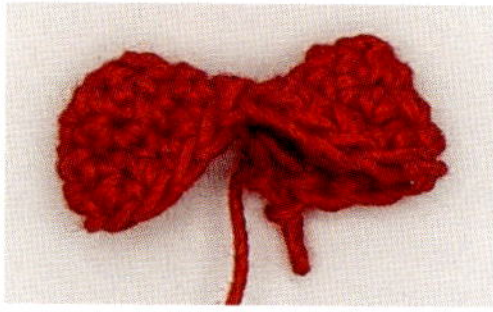

2. Rd: 3 fM, 1 M abn, 8 fM, 1 M abn, 3 fM (= 16 M).

3. Rd: 16 fM häkeln.

4. Rd: *2 fM, 1 M abn*, von* bis* noch 3x wdh (= 12 M).

5. Rd: 12 fM häkeln.

6. Rd: 6x 1 M abn (= 6 M).

Den Faden abschneiden, durch die vorderen M-Glieder der letzten Rd fädeln, fest zuziehen und vernähen.

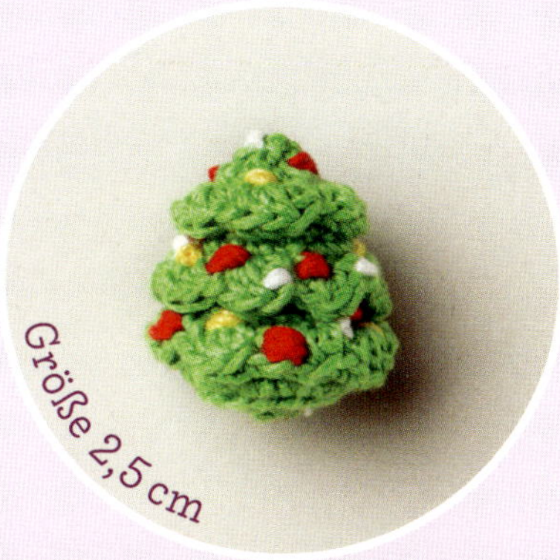

WEIHNACHTSBAUM

Material

- Woll Butt Baumwollgarn Diana (Stärke 5, LL 400 m/100 g) in
  - Grasgrün, Gelb, Rot und Ecru, je ein Rest
- Pony Häkelnadel 1,0 mm
- Stumpfe Wollnadel
- Füllwatte

BAUM (IN GRASGRÜN)

Häkle in Rd. Den Baum fortlaufend mit Füllwatte ausstopfen.

1. Rd: 6 fM in einen Fadenring häkeln (= 6 M).

2. Rd: 6x 1 M zun (= 12 M).

3. Rd: *4 fM, 2x 1 M zun*, von* bis* noch 1x wdh (= 16 M).

4. Rd: 16 fM ihM häkeln.

5.–6. Rd: 16 fM häkeln.

7. Rd: 16 fM ihM häkeln.

8. Rd: 16 fM häkeln.

9. Rd: *6 fM, 1 M abn*, von* bis* noch 1x wdh (= 14 M).

10. Rd: 14 fM ihM häkeln.

11. Rd: *5 fM, 1 M abn*, von* bis* noch 1x wdh (= 12 M).

12. Rd: 12 fM häkeln.

13. Rd: *4 fM ihM, 1 M abn ihM*, von* bis* noch 1x wdh (= 10 M).

14. Rd: 5x 1 M abn (= 5 M).

Den Faden abschneiden, durch die vorderen M-Glieder der letzten Rd fädeln, fest zuziehen und vernähen.

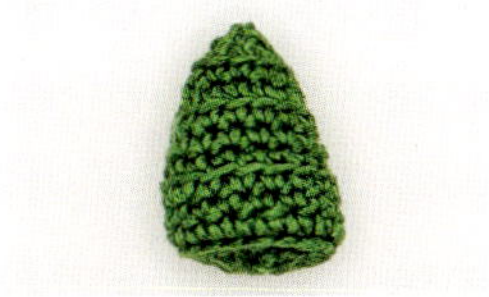

Den Faden im vorderen M-Glied aus Rd 7 aufnehmen, von oben nach unten einstechen und wie folgt weiter häkeln:

15. Rd: *1 fM, 3 hStb in eine M*, von* bis* noch 7x wdh (= 32 M).

Den Faden abschneiden und vernähen.

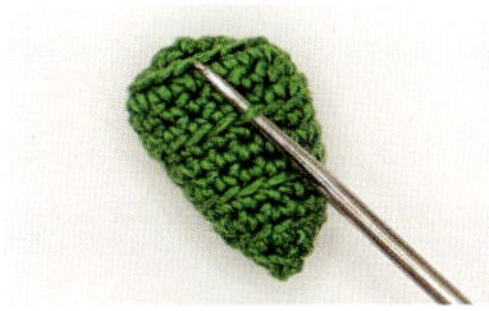

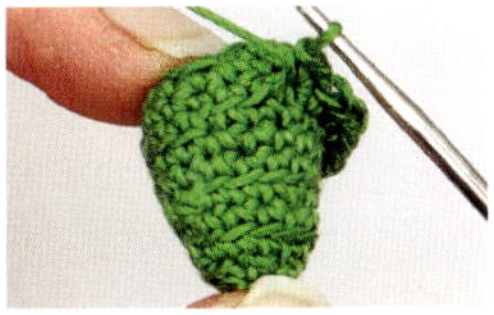

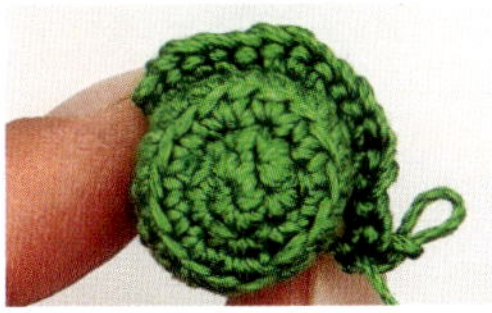

Den Faden nun ebenso im vorderen M-Glied aus Rd 10 aufnehmen, wie folgt weiter:

16. Rd: *1 fM, 3 hStb in eine M*, von* bis* noch 6x wdh (= 28 M).

Den Faden abschneiden und vernähen. Nun nochmals im vorderen M-Glied aus Rd 13 aufnehmen, wie folgt weiter:

17. Rd: *1 fM, 3 hStb in eine M*, von* bis* noch 5x wdh (= 24 M).

Den Faden abschneiden und vernähen. Die Kugeln in Rot, Gelb und Ecru mithilfe des Knötchenstichs aufsticken.

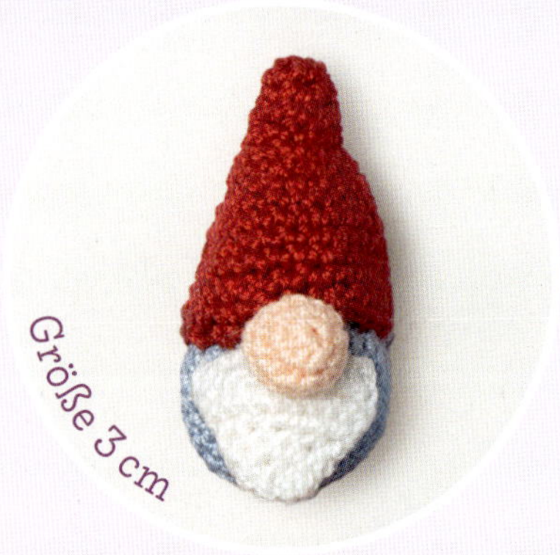

WICHTEL

Material

- Gründl Häkelgarn 100 uni (LL 100 g/566 m) in
  - Rotbraun (125), ca. 5 g
  - Jeansblau (121), Creme (102), Helles Lachs (112), je ein Rest
- Pony Häkelnadel 0,75 mm
- Stumpfe Wollnadel
- Füllwatte

KÖRPER (IN JEANSBLAU)

Häkle in Rd. Den Körper fortlaufend mit Füllwatte ausstopfen.

1. Rd: 6 fM in einen Fadenring häkeln (= 6 M).

2. Rd: 6x 1 M zun (=12 M).

3. Rd: *1 fM, 1 M zun*, von* bis* noch 5x wdh (= 18 M).

4. Rd: 18 fM häkeln.

5. Rd: *2 fM, 1 M zun*, von* bis* noch 5x wdh (= 24 M).

6.–12. Rd: 24 fM häkeln.

13. Rd: *2 fM ihM, 1 M abn ihM*, von* bis* noch 5x wdh (= 18 M).

14. Rd: *1 fM, 1 M abn*, von* bis* noch 5x wdh (= 12 M).

15. Rd: 6x 1 M abn (= 6 M).

Den Faden abschneiden, durch die vorderen M-Glieder der letzten Rd fädeln, fest zuziehen und vernähen.

BART (IN CREME)

Den Bart nicht mit Füllwatte ausstopfen.

4 Lm anschl, in die 2. Lm von der Nd aus einstechen und wie folgt in Rd um die Lm-Kette herum häkeln:

1. Rd: 2 fM, 3 fM in eine M, 1 fM, 1 M zun (= 8 M).

2. Rd: 8 fM häkeln.

3. Rd: *1 M zun, 3 fM*, von* bis* noch 1x wdh (= 10 M).

4. Rd: 10 fM häkeln.

5. Rd: 10x 1 M zun (= 20 M).

6. Rd: 20 fM häkeln.

Das Ende falten und mit 10 fM zusammenhäkeln. Den Faden lang abschneiden und den Bart zwischen Rd 4–5 am Körper festnähen.

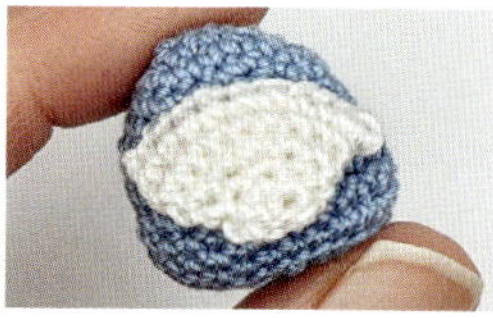

NASE (IN HELLEM LACHS)

Häkle in Rd. Die Nase fortlaufend mit Füllwatte ausstopfen.

1. Rd: 6 fM in einen Fadenring häkeln (= 6 M).

2. Rd: 6x 1 M zun (=12 M).

3.–4. Rd: 12 fM häkeln.

5. Rd: 6x 1 M abn (= 6 M).

Den Faden abschneiden, durch die vorderen M-Glieder der letzten Rd fädeln und die Nase auf dem Bart festnähen.

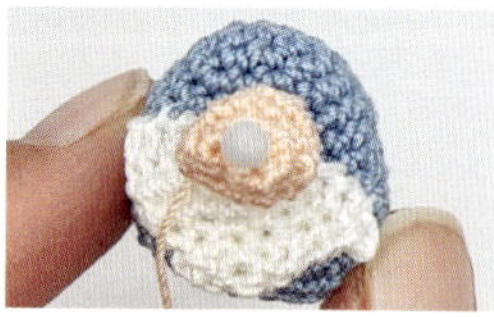

MÜTZE (IN ROTBRAUN)

Häkle in Rd. Die Mütze fortlaufend mit Füllwatte ausstopfen.

1. Rd: 6 fM in einen Fadenring häkeln (= 6 M).

2. Rd: 6 fM häkeln.

3. Rd: *2 fM, 1 M zun*, von* bis* noch 1x wdh (= 8 M).

4. Rd: *3 fM, 1 M zun*, von* bis* noch 1x wdh (= 10 M).

5. Rd: 10 fM häkeln.

6. Rd: *4 fM, 1 M zun*, von* bis* noch 1x wdh (= 12 M).

7. Rd: *1 fM, 1 M zun*, von* bis* noch 5x wdh (= 18 M).

8. Rd: 18 fM häkeln.

9. Rd: *2 fM, 1 M zun*, von* bis* noch 5x wdh (= 24 M).

10.–14. Rd: 24 fM häkeln.

Abketten, den Faden lang abschneiden und die Mütze über der Nase festnähen.

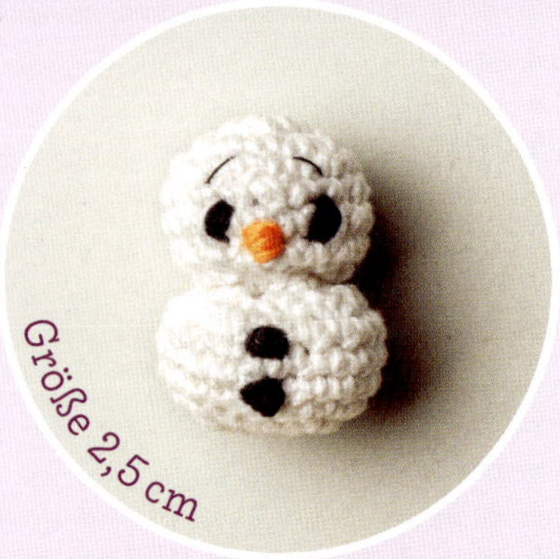

SCHNEEMANN

Material

- Woll Butt Baumwollgarn Diana (Stärke 5, LL 400 m/100 g) in
  - Ecru, Orange und Schwarz, je ein Rest
- Pony Häkelnadel 1,0 mm
- Stumpfe Wollnadel
- Nähgarn in Schwarz
- Füllwatte

KOPF (IN ECRU)

Häkle in Rd. Den Kopf fortlaufend mit Füllwatte ausstopfen.

1. Rd: 6 fM in einen Fadenring häkeln (= 6 M).

2. Rd: 6x 1 M zun (= 12 M).

3. Rd: * 2 fM, 1 M zun *, von * bis * noch 3x wdh (= 16 M).

4.–7. Rd: 16 fM häkeln.

8. Rd: 8x 1 M abn (= 8 M).

Den Faden abschneiden, durch die vorderen M-Glieder der letzten Rd fädeln, fest zuziehen und vernähen.

KÖRPER (IN ECRU)

Häkle in Rd. Den Körper fortlaufend mit Füllwatte ausstopfen.

1. Rd: 10 fM in einen Fadenring häkeln (= 10 M).

2. Rd: 10x 1 M zun (= 20 M).

3.–6. Rd: 20 fM häkeln.

7. Rd: 10x 1 M abn (= 10 M).

8. Rd: 5x 1 M abn (= 5 M).

Den Faden lang abschneiden und den Kopf am Körper festnähen.

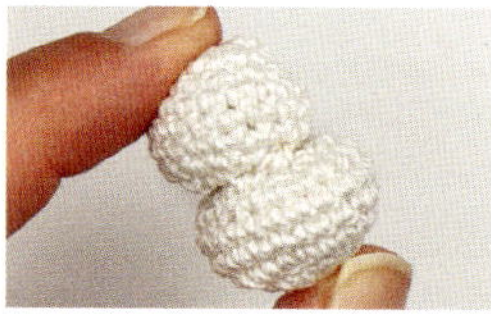

SCHNEEMANN FERTIGSTELLEN

Die Knöpfe in Schwarz, mit 1 fM Abstand und mithilfe des Knötchenstichs aufsticken. Die Augen über Rd 6 des Kopfes, über 1 Rd hoch und mit 3 fM Abstand aufsticken, stich dazu 5x ein. Daneben das Augenweiß in Ecru aufsticken. Die Nase in Orange über 1 fM breit zwischen den Augen aufsticken, dazu 4x einstechen. Die Augenbrauen mit schwarzem Nähgarn 1 Rd über den Augen über 2 fM breit und 1 Rd hoch aufsticken.

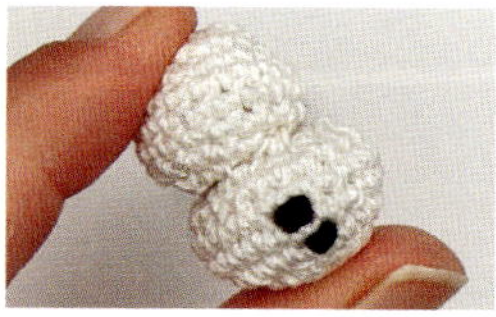

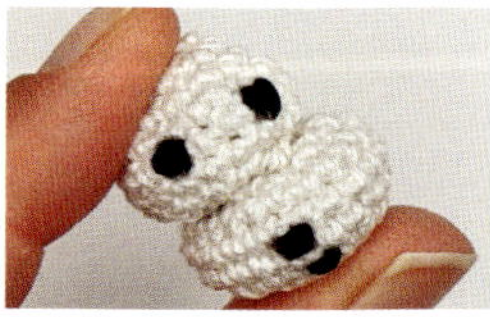

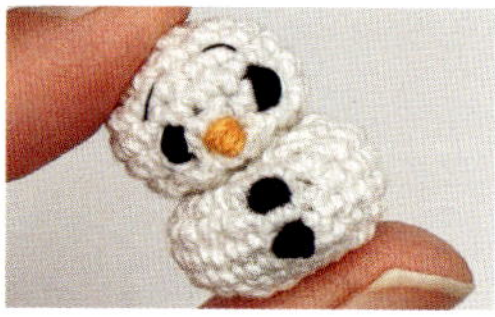

UND NOCH MEHR BÜCHER

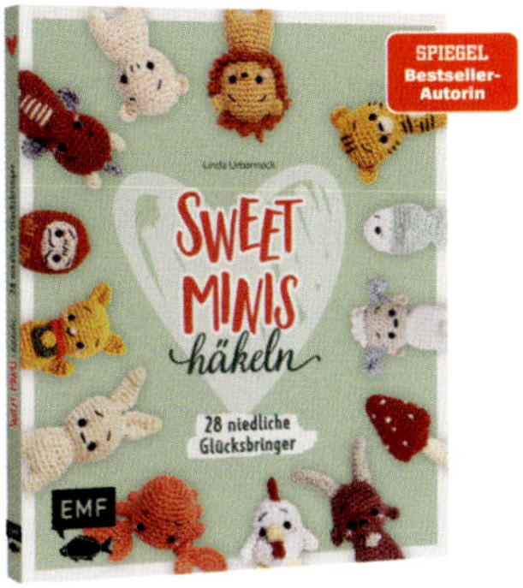

Sweet Minis häkeln –
Niedliche Glücksbringer

€ 10,00 (D), € 10,30 (A)
ISBN 978-3-7459-1751-2

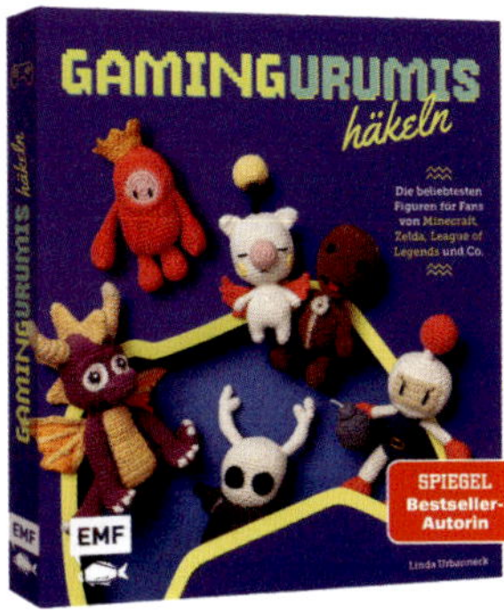

Gamingurumis häkeln

€ 18,00 (D), € 18,50 (A)
ISBN 978-3-7459-2111-3

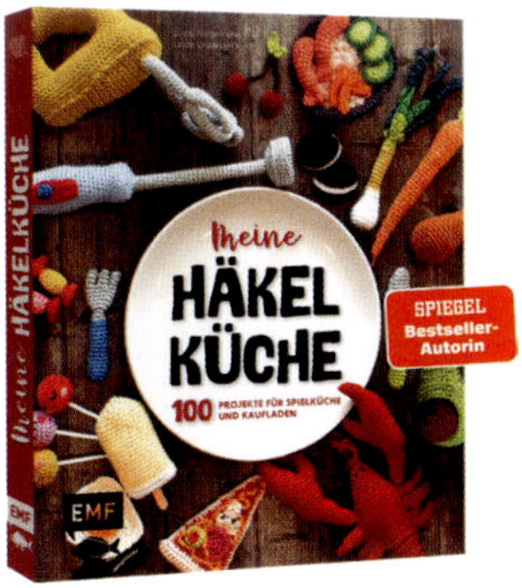

Meine Häkelküche

€ 18,00 (D), € 18,50 (A)
ISBN 978-3-7459-1483-2

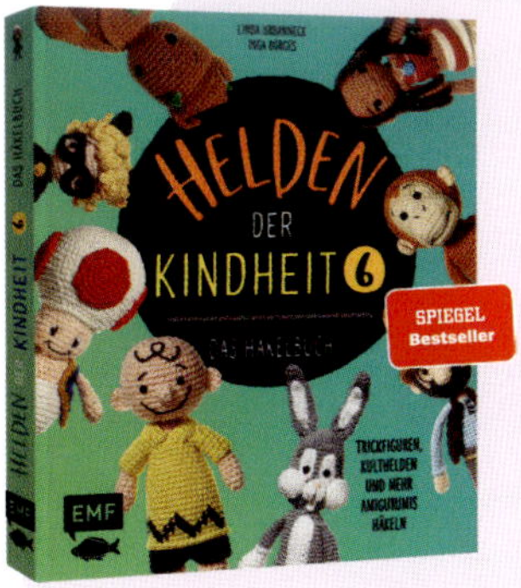

Helden der Kindheit –
Das Häkelbuch – Band 6

€ 22,00 (D), € 22,70 (A)
ISBN 978-3-7459-1478-8

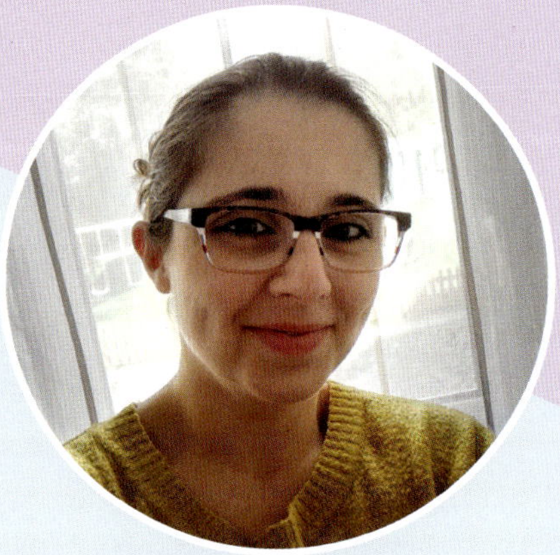

ÜBER DIE AUTORIN

Linda Urbanneck stammt aus einer Familie voller Kreativität, doch ihren Hang zur Häkelnadel entdeckte sie erst 2019, als sie zum ersten Mal ein Video zu einer Amigurumi-Figur entdeckte. Nach und nach brachte sie sich das Häkeln selber bei. Zunächst als Hobby, später sollte sich diese Leidenschaft mehr und mehr in die berufliche Richtung entwickeln. Im Jahr 2020 folgt die erste eigene Anleitung, kurze Zeit später noch einige mehr. Linda gründet in Folge ihr erstes eigenes Label unter dem Namen Haekellobby. Das Leben außerhalb der Häkelei verbringt Linda im süddeutschen Saarland. Hier lebt sie gemeinsam mit ihrem Mann und ihren drei Söhnen. Inspiration findet sie im alltäglichen Leben, ganz nach dem Motto „mit Weitblick zur Kreativität“. Linda gibt täglich auf ihrem Instagram Profil @Haekellobby, Einblicke in ihr Leben als Designerin und Autorin.

DANKSAGUNG

Hey, du bist bei der Danksagung angekommen, Wahnsinn oder? Das bedeutet, du hast dich durch die Micro-Welt gearbeitet und sicherlich bereits die ein oder anderen Winzlinge von deiner Nadel springen lassen. Großartig, oder? So möchte ich meinen Dank nun in erster Linie an dich richten. Danke, dass du dich für dieses Buch entschieden und mit mir eine neue Welt des Amigurumi-Häkelns entdeckt hast.

Zudem möchte ich hier weitere Personen noch ganz besonders erwähnen. Schon seit den ersten Büchern steht ihr an meiner Seite. Dank lässt es schon gar nicht mehr ausdrücken und wirkt schon fast zu förmlich. Vielmehr möchte ich euch drücken, aber dafür seid ihr zu weit weg. So versuche ich es noch einmal in Worte zu packen. Tine, Nele und Alexandra, danke! Danke, dass ihr noch immer da seid und mit mir ein Buchprojekt nach dem anderen angeht. Manchmal sind es auch einfach Worte, die zeigen, wo man richtig ist. Wir haben uns schon so aneinander gewöhnt, dass ich schon gar nicht mehr weiß, wie es ohne euch ist. Danke für all euren Einsatz, eure Worte und danke, dass ihr Teil meiner Welt seid. Ihr seid großartig!

Ebenso gilt mein Dank natürlich auch meinem Mann. Ich frage mich immer wieder, wie er es denn aushält, all diese Wolle in unserem Haus zu ertragen (hier ist ein kleiner Lacher angebracht, lässt sich nur leider schlecht in Worte fassen). Gerade in den Hochphasen der Bücher muss man bei uns aufpassen, dass man nicht selbst in Garn eingearbeitet wird. Danke für deine Geduld, deine Unterstützung, danke, dass es dich gibt!

Selbstverständlich sind ebenso, ganz besonders die Sponsoren dieses Buches zu erwähnen. Danke an Gründl, Buttinette und Pony für die immer wiederkehrende Unterstützung, ohne die dieses Buch nicht möglich gewesen wäre!

IMPRESSUM

Bibliografische Information der Deutschen Bibliothek.

Die Deutsche Bibliothek verzeichnet diese Publikation in der Deutschen Nationalbibliografie.

Detaillierte bibliografische Daten sind im Internet über http://www.dnb.de/ abrufbar.

EIN BUCH DER EDITION MICHAEL FISCHER

1. Auflage 2024

Cover, Layout & Satz: Carolin Mayer

Bilder: SHOT Stills, Katja Schubert, München

Redaktion und Lektorat: Anja Brinkmann

ISBN 978-3-7459-2199-1

Gedruckt bei PNB Print
Silakrogs, Ropazu novads,
LV-2133 Lettland

www.emf-verlag.de